APRÈS LE SUICIDE D'UN PROCHE

Paru au Livre de Poche :

COMMENT T'AIMER, TOI ET TES ENFANTS ?

EST-CE QUE TU M'AIMES ENCORE ?

DR CHRISTOPHE FAURÉ

APRÈS LE SUICIDE D'UN PROCHE

VIVRE LE DEUIL ET SE RECONSTRUIRE

ALBIN MICHEL

ISBN : 978-2-253-18799-8 – 1re publication LGF

À Djetsunma Tara

AVANT-PROPOS

« Sylvain, mon mari, était au bord de la faillite et j'ignorais que son entreprise allait si mal. C'est vrai que je le savais fatigué et stressé depuis des mois, mais pas à ce point... Je n'ai rien vu venir... Le week-end précédant son décès, il a mis à jour tous ses dossiers ; il m'a écrit une lettre. On en a aussi trouvé une autre pour son conseiller financier et pour sa sœur... J'ai retrouvé les dates sur son ordinateur. Ce dimanche-là, il a tout mis en ordre : les assurances, les numéros des contrats, tout ! Il préparait sa succession en toute lucidité. Quelques jours plus tard, on l'a retrouvé pendu dans son bureau...

« Tout s'effondrait brutalement ! Je ne pouvais pas imaginer comment un homme avec une telle personnalité pouvait en arriver là... Je suis restée prostrée dans son bureau et j'ai complètement perdu la notion du temps. Je n'ai même pas eu le temps de souffler que déjà je me retrouvais face aux huissiers et aux affaires en cours ! Je n'ai pas eu le temps de m'ajuster à cette nouvelle situation : j'ai dû aussitôt agir dans l'urgence, moi qui ne travaillais pas depuis des années et qui ne savais rien faire dans ce domaine. Je n'avais pas d'autre choix que de m'y mettre ; c'était un tourbillon ; c'était atroce... Je crois que je n'ai pas pu trouver le temps de vivre mon deuil et il m'a rattrapée des années plus tard... »

« Notre fille avait 14 ans ; c'était une ado un peu révoltée mais pas plus que les autres... J'adorais cette gosse, vous savez. Tous les soirs, en rentrant du travail, je passais une demi-heure, trois quarts d'heure avec elle, à lui parler, à l'écouter... Il y avait entre nous une telle confiance, un tel respect mutuel... Pour moi, elle était solidement ancrée dans la vie ; c'était impossible d'imaginer ce qui allait se passer... Je pensais avoir développé mes antennes et être en communication avec mes enfants. Être passé à côté de ça, c'est... Il n'y a pas de mots... Ça remet totalement en question tout ce que j'ai fait pour eux...

« Ce soir-là, on s'était disputés, mais ce n'était pas la première fois ! J'avais pourtant le sentiment que nous étions allés peut-être un peu loin, mais je n'ai perçu aucun signal d'alarme. Je n'ai pas du tout pensé au suicide. C'est en fin d'après-midi, quand elle n'est pas descendue de sa chambre pour regarder un DVD avec nous, que je me suis inquiété. Là, j'ai eu l'intuition de quelque chose de terrible... Je suis monté dans sa chambre et, en ouvrant la porte, j'ai trouvé ma petite fille, pendue, en train de mourir... »

L'une de ces histoires, c'est peut-être la vôtre : une personne que vous aimez s'est un jour donné la mort et, depuis cet instant, votre vie a irrémédiablement changé de cours. Depuis, c'est le chaos. Que dire ? Comment nommer l'indicible ? Aucun mot ne semble assez fort pour décrire le vide, la détresse, l'impuissance... Et comment trouver, jour après jour, ne serait-ce que la force de se lever et de vaquer aux activités dérisoires du quotidien ? Quelles raisons se donner pour continuer à avancer, alors que soudain tout devient absurde ? Est-il même possible d'imaginer reconstruire un semblant d'existence, quand ses fondements s'effondrent aussi radicalement ?

Vous le savez : rien ne sera plus jamais comme avant. Même si tout en vous s'y refuse, vous savez bien qu'il vous faut désormais vivre avec « ça » : ce poids intérieur que rien n'allège, cette souffrance lancinante qui croît sans cesse au fil du temps et qui se distille insidieusement dans chaque repli de votre cœur et de votre âme... Oui, peut-être qu'un jour vous arriverez à aller au-delà de ce cauchemar (c'est du moins ce que les gens ne cessent de vous dire), mais la tâche semble aujourd'hui tellement difficile que vous ne pouvez que douter qu'une telle issue soit possible. Au plus profond de votre être, vous vous interrogez : comment puis-je vivre... comment puis-je survivre au suicide de mon compagnon, de mon parent, de mon enfant ?

Le suicide emporte, en France, 12000 personnes chaque année. Il y a 20 suicides pour 10000 habitants, ce qui constitue un taux relativement élevé par rapport aux autres pays occidentaux. En y regardant de plus près, on s'aperçoit que le suicide est la deuxième cause de décès pour la tranche d'âge des 15-24 ans et la première pour les 25-35 ans. On dénombre également plus de 160000 tentatives de suicide par an et environ 2 millions de personnes traversent, chaque année, une crise suicidaire. Ces chiffres sont des données brutes et anonymes et ne sont que le pâle reflet d'une souffrance qui reste trop souvent méconnue.

Mais la douleur prend également un autre visage : celui de ceux qui restent après le suicide d'un proche. On sait aujourd'hui que le nombre de personnes directement endeuillées par un suicide est estimé à 5 en moyenne. Cela signifie que, chaque année, près de 60000 personnes sont touchées de plein fouet par la violence du suicide... Sachant que la douleur de ce deuil s'étend sur plusieurs années, il ressort que plusieurs centaines de milliers de personnes sont actuellement en proie à la souffrance liée à la perte d'un être cher par suicide...

Or un constat s'impose : notre société parle peu, ou pas, de ces gens. Où sont-ils ? Qui sont-ils ? Que font-ils ? Rien ne les distingue des autres et pourtant... Regardez à côté de vous : il y a cette jeune femme, assise dans un parc, qui essaie en vain de se concentrer sur son livre – elle tente de chasser l'image obsédante de son compagnon pendu dans son atelier il y a trois ans. Il y a ce père qui, depuis cinq ans, se demande ce qu'il n'a pas vu ou compris ce jour-là, quand sa fille aînée s'est défenestrée. Il y a cet adolescent noyé dans la masse des lycéens ; il doit comme les autres préparer son bac, alors qu'il est sans cesse hanté par le souvenir de la dispute qui a précédé le suicide de sa mère, un an auparavant. Tant de souffrances qui se vivent en silence. Tant de questions qui restent enfouies à l'intérieur de soi, sous le poids de la culpabilité, de la colère ou du désespoir. Tant d'impuissance aussi de la part de ceux qui tentent de les aider, car ils ne peuvent pas vraiment comprendre ce qui se passe pour eux.

Si vous ouvrez ce livre aujourd'hui, c'est peut-être parce que, à votre corps défendant, vous appartenez à cette famille d'êtres humains. Ce livre parle de vous, vous que le suicide a plongé dans le chaos, il y a un mois, un an, dix ans.

Ce livre n'aborde pas la problématique du suicide en tant que telle : il ne parle pas directement de la détresse des personnes qui passent à l'acte et il est probable que vous ne trouverez pas dans ces pages la réponse à la question obsédante du « pourquoi ». Non : ce livre s'adresse à vous qui restez quand l'autre est parti, à vous qui, du jour au lendemain, vous trouvez plongé dans un deuil qui ne ressemble à rien d'autre, à vous qui tentez de redonner du sens à votre existence. Il vient en prolongement d'un de mes précédents ouvrages, *Vivre le deuil au jour le jour*[1], mais, contrairement à ce dernier qui traite du deuil en général, celui-ci aborde spécifiquement la question du deuil après un suicide.

En préparant cet ouvrage, j'ai vite réalisé que ma seule parole ne pouvait être pertinente. « Si on n'a pas vécu cela dans sa chair, on ne peut pas comprendre... » : tel est le message que je recevais continuellement de la part de ceux et celles que je rencontrais. J'ai compris que ce livre devait s'appuyer sur les témoignages de personnes directement touchées par le suicide ; c'était la seule façon de capter l'essence même de cette souffrance, en soulignant à la fois son universalité, la multiplicité des cas de figure et la complexité de chaque situation. Ce sont donc ces personnes que vous allez rencontrer au fil des pages : Martine, dont la fille s'est pendue il y a trois années ; Gérard, dont le fils s'est aussi pendu il y a cinq ans ; Ingrid, dont la fille s'est défenestrée ; René, dont l'épouse est décédée suite à une intoxication médicamenteuse. Et tant d'autres encore... Vous allez entendre des pères, des mères, des conjoints, des frères, des sœurs, des amis, des cadres, des employés,

1. Albin Michel, 2004.

des médecins, des retraités, des hommes, des femmes et quelques enfants ou adolescents. Seuls leurs noms et les circonstances de leurs histoires ont été modifiés, par souci de confidentialité, et je tiens ici à remercier chaleureusement ces personnes pour la confiance qu'elles m'ont accordée en me livrant ce qu'elles avaient de plus douloureux et de plus intime. Vous verrez : il n'y a rien de compliqué dans ces témoignages ; rien que des mots simples de gens ordinaires ; des gens, comme vous et moi, qui essayaient d'être heureux du mieux qu'ils pouvaient et que le suicide d'un proche a changés à tout jamais. Ce que j'ai ajouté à leurs propos provient de ce qu'on sait sur le deuil après suicide dans la littérature scientifique et de ma propre expérience d'accompagnement des personnes en deuil, en tant que thérapeute.

Là intervient un élément qui ne sera pas neutre pour certains d'entre vous : je suis psychiatre. Ce statut n'est pas nécessairement la meilleure façon d'avoir accès à vous car il se peut que les psychiatres vous aient profondément déçu. Vous êtes peut-être même très en colère contre cette profession car elle s'est révélée impuissante à aider, ou à sauver, votre proche. Cette rancœur peut rendre difficile votre lecture car vous pensez peut-être que je n'ai aucune légitimité à vous parler d'une souffrance que vous connaissez... et que j'ignore. C'est vrai, je ne la connais pas personnellement. C'est donc conscient de ce possible ressentiment envers certains de mes confrères que j'ai choisi d'aller à la source de cette douleur qui est la vôtre, en me tournant vers les personnes qui vivent (ou ont vécu) le deuil après le suicide. Ma responsabilité est de vous restituer le plus honnêtement et le plus fidèlement possible ce qu'elles m'ont transmis, de telle sorte que, en dépit de vos réticences à lire les écrits d'un psychiatre, vous trouviez ici un peu de réconfort et d'apaisement sur le chemin de votre deuil. Sachez que ma plus grande crainte a été de trahir leurs propos. J'ai par exemple réalisé, au fil de nos entretiens, combien l'usage des mots revêtait une importance cruciale : il faut en effet être très vigilant quand on parle du suicide car des mots comme « choix », « décision », « responsabilité », etc., sont potentiellement porteurs d'une violence extrême : il est possible en effet qu'ils fassent mouche, de façon complètement involontaire, sur une blessure encore à vif. Cette crainte et ce questionnement ne m'ont jamais lâché et ce n'est qu'après avoir soumis le manuscrit à quelques-unes de ces personnes que j'ai acquis la conviction que ce livre pouvait vraiment être utile. C'est maintenant à vous de juger.

Vous allez aussi vous rendre compte que nombre de situations décrites ne correspondent pas à ce que vous êtes en train de vivre. Les personnes en deuil après suicide ne constituent pas un groupe homogène et il existe une infinité de situations. J'ai essayé d'être relativement exhaustif, en tentant de couvrir le plus de cas de figure possible, de telle sorte que chaque lecteur puisse s'y retrouver. Cette diversité de visions et de vécus peut vous permettre d'avoir un regard plus large sur ce que vous êtes en train de vivre. Prenez donc ce qui vous convient : j'espère que cela vous aidera à trouver les points de repère dont vous avez besoin. J'ai aussi la conviction qu'enrichir votre connaissance sur les multiples enjeux du deuil après suicide peut être bénéfique, à la fois pour vous-même et pour autrui. Vous savez aujourd'hui que, quand on vit un tel drame, on a besoin de recevoir de l'aide de personnes qui sont passées par là : elles « savent » ; elles comprennent. Apprenez donc ce que vous pourrez en lisant ce livre car vous ignorez quand et comment vous serez peut-être à l'avenir amené à aider quelqu'un dans la même situation. C'est peut-être parce que vous aurez lu, écouté, travaillé sur votre propre souffrance que vous serez en mesure d'apporter une aide authentique à autrui. Ce sera une façon d'honorer, dans le secret de votre cœur, la mémoire de la personne que vous avez perdue.

Cette multiplicité de cas de figure va également vous permettre de réaliser que vous n'êtes pas seul à vivre ce que vous vivez. Ce que vous éprouvez actuellement n'a rien d'anormal ; il y a une logique, et même une certaine cohérence, dans ce qui vous semble aujourd'hui n'être qu'un flot désordonné de souffrance. Soyez rassuré sur le fait que vous n'êtes pas en train de perdre la tête, même si ce que vous ressentez aujourd'hui ne ressemble à rien de ce que vous avez connu auparavant et que votre entourage ne sait pas comment s'y prendre avec vous. D'autres gens, totalement sains de corps et d'esprit, ressentent, en ce moment même, les mêmes choses que vous. Ils nomment leur souffrance avec les mêmes mots que vous. Tout comme vous, ils sont persuadés qu'ils sont en train de devenir fous et que personne – vraiment personne – ne pourra jamais les comprendre. Sachez-le : vous n'êtes pas seul et je formule le souhait que cet ouvrage puisse vous donner envie de franchir le pas, en vous aidant à aller à leur rencontre, afin de sortir de l'isolement que ce deuil est capable d'induire.

Une dernière précaution enfin... et ce qui suit ne s'adresse pas à vous, proche en deuil, mais à ces éventuels lecteurs qui penseraient au suicide pour eux-mêmes et qui s'interrogeraient sur le devenir de leurs proches, après leur acte. Je vous dis clairement : n'utilisez pas ce livre pour vous rassurer sur le sort de ceux que vous allez laisser derrière vous. Votre suicide potentiel restera toujours – et à tout jamais – une tragédie pour vos proches. Ils resteront blessés par votre geste. Si vous songez à mettre un terme à votre vie, ne restez pas sans aide, même si vous êtes aujourd'hui persuadé que plus rien ne peut vous aider. N'utilisez pas ce livre pour passer à l'acte plus facilement, en vous rassurant (ou en vous donnant bonne conscience) sur le fait que, finalement, « ils me survivront ». Oui, ils vous survivront, mais à quel prix ? Je vous rapporte simplement les paroles d'une mère après le suicide de son fils : « Ça a peut-être été un soulagement pour lui, mais pour nous, ça a été le début de l'enfer. » Entendez cela...

Voilà déjà beaucoup de mots qu'il vous faut commencer à digérer. Le simple fait de lire cette introduction vous fait peut-être déjà mal. Alors pensez-vous peut-être : à quoi bon remuer tout ça ? À quoi bon se replonger dans ce qui est déjà suffisamment douloureux ? À quoi cela peut-il servir maintenant que cette personne que j'aime est morte ? Oui, il est vrai que la lecture de ce livre va être lourde parfois. Cette lourdeur provient effectivement de la mise en mots d'une souffrance que vous ne connaissez que trop. C'est pourtant le propos de ce livre que de vous inviter à la confrontation directe avec celle-ci. Pourquoi ? Parce que – pardonnez-moi d'être aussi direct – vous n'avez pas le choix... C'est tout simplement par là que passe le processus incontournable de cicatrisation psychique qu'on appelle le « processus de deuil ». Le mot vous rebute sûrement mais c'est bien de cela qu'il s'agit. Mais ne vous y trompez pas : vous avez peut-être une vision erronée et négative de ce qu'est véritablement ce processus. On ne parle pas ici d'« oubli » ou d'« absolution », on parle d'un processus normal, naturel et bénéfique qui échappe à votre volonté mais qui a besoin d'être accompagné si vous ne voulez pas souffrir plus que vous ne souffrez déjà.

Alors oui, ce livre va être difficile à lire. Mais il a pour objectif de vous aider à délimiter le territoire où le suicide vous a précipité. C'est une façon de mieux le connaître, de mieux l'appréhender, de mieux le circonscrire aussi. Même s'il n'existe aucun moyen de « court-circuiter » la peine, il est plus facile de se battre quand on a identifié à la fois l'« ennemi » et le terrain sur lequel on doit livrer bataille. Il en découle toujours un peu plus de clarté dans la confusion, un peu plus de cohérence et d'apaisement dans la souffrance. C'est autant d'acquis pour vous permettre de trouver, jour après jour, le courage d'avancer et la force d'apprivoiser l'absence.

Paris, avril 2006

1

UN DEUIL PAS COMME LES AUTRES ?

Printemps 2004, un samedi matin : une soixantaine de parents, grands-parents, frères et sœurs se retrouvent dans les salons d'un grand hôtel parisien, sous l'égide de Phare enfants-parents, association œuvrant pour le soutien des parents en deuil après suicide et la prévention du suicide chez l'adolescent. Les visages sont graves, au fil des interventions qui abordent l'une ou l'autre facette du drame qui les réunit. Certains acquiescent à l'évocation de circonstances qui les renvoient à leur propre vécu, d'autres retiennent des larmes, quand celle-ci devient trop douloureuse. Chacun attend une réponse ; chacun espère trouver dans cette rencontre ce qui pourrait apaiser, un tant soit peu, la souffrance qui le déchire depuis des mois... ou des années.

Puis vient le temps des témoignages : avec pudeur et dignité, des voix s'élèvent pour partager, dans ce lieu de sécurité et de confidentialité, ce qui est bien souvent tu à l'extérieur. L'horreur côtoie l'absurde, le désespoir fait suite à l'espérance, la culpabilité semble ici imprégner chaque phrase, alors que là explose la colère ou l'incompréhension. Alors même que ces proches relatent des circonstances similaires, à savoir le suicide d'un être cher, c'est bien l'unicité et la complexité de chaque situation qui transparaissent de tous ces récits : chacun se révèle unique – et seul – dans la spécificité de son histoire. Et pourtant, tous se retrouvent sur un même point, c'est le constat que « ce que nous vivons ne ressemble à rien d'autre... ce n'est pas un deuil comme les autres ». Dès cette phrase prononcée, beaucoup s'empressent d'ajouter qu'il n'y a pas de hiérarchie dans la souffrance et que la perte d'un être cher génère une insupportable douleur, quelle que soit la nature du décès. Certes... Mais au fond de leur cœur, persiste cette conviction intime que, non, ce n'est pas la même chose, et c'est effectivement le cas.

Perdre quelqu'un qu'on aime par le suicide, ce n'est pas que perdre un proche. C'est bien plus vaste et plus confrontant qu'un deuil faisant suite, par exemple, à un décès après une longue maladie. D'autres paramètres interviennent, des paramètres qu'on ne retrouve pas dans les autres circonstances, si violentes ou inattendues soient-elles. Écoutez les propos de ce père, cinq ans après la mort de sa fille :

> J'ai mesuré au fil du temps l'ampleur du travail que j'avais à accomplir : je devais d'abord me confronter au fait que ma fille était morte et que j'étais désormais un parent en deuil ; puis me confronter au fait qu'elle était morte violemment avec toute la dimension traumatique que cela implique. Enfin, je devais me confronter au fait que ma fille était morte par suicide. C'était beaucoup pour un seul homme.

Il ne s'agit donc pas uniquement d'apprendre à vivre avec l'absence de la personne aimée, il est demandé bien plus aux personnes endeuillées par le suicide.

Le processus traumatique

Dès sa découverte, le suicide crée, chez les proches, un état de stress aigu : ils sont plaqués au sol, sous le choc, incapables de donner le moindre sens à l'événement. Les conséquences de ce stress aigu peuvent être préoccupantes sur le long terme. Il est, en effet, essentiel de comprendre que ce n'est pas seulement un processus de deuil qui s'initie avec la perte brutale de la personne aimée ; une autre dynamique psychique se met en route parallèlement. Elle porte le nom de processus traumatique. Contrairement au processus de deuil, il est très souvent méconnu ou ignoré, alors qu'il est capable d'interférer de façon majeure dans le vécu du deuil. Le processus traumatique n'est, bien sûr, pas spécifique des individus traumatisés par le suicide d'un proche ; on le retrouve chez toute personne se trouvant exposée à une situation de stress comportant un possible danger de mort et/ou une atteinte majeure à son intégrité physique ou psychique : situation de guerre, d'attentat, d'agression, d'accident violent, de catastrophe naturelle... Habituellement, un processus de « cicatrisation psychique » se met automatiquement en place, à l'image du corps qui sait spontanément réparer les plaies physiques. Si la majorité des personnes exposées à des situations traumatiques rencontrent, tout à fait normalement, des difficultés psychologiques d'intensité variable dans les suites immédiates des événements, nombre d'entre elles voient, malgré tout, une amélioration significative de leurs symptômes dans les mois qui suivent, grâce à ce processus naturel de cicatrisation psychique. D'autres ont besoin de plus de temps pour retrouver un équilibre intérieur satisfaisant. Certaines, en revanche, n'y parviennent pas et ne peuvent récupérer que grâce à une aide extérieure. Que se passe-t-il donc pour elles ?

Les séquelles traumatiques

Une fois le choc initial passé, il se développe, chez certaines personnes, ce qu'on appelle un syndrome de stress post-traumatique (PTSD : *post-traumatic stress disorder*, selon la terminologie internationale). Ce syndrome apparaît, la plupart du temps, entre un et trois mois après le traumatisme. Dans certains cas cependant, il ne se manifeste qu'un an après, parfois même plus tard, la durée et l'intensité du PTSD variant grandement d'une personne à l'autre.

Un point important : le PTSD peut également se retrouver chez des personnes témoins impuissants de la mort brutale de quelqu'un d'autre, c'est donc le cas pour le suicide d'un proche. Alors, il est dit que la personne la plus exposée au risque de PTSD est celle qui découvre le corps (ou la personne en train de mourir), dans des conditions le plus souvent tragiques, et avec un risque d'autant plus élevé que cette découverte est totalement fortuite, prenant le témoin par surprise. Or, si on sait que la majorité des suicides se déroulent à la maison, entre 15 heures et minuit, il est clair que ce sont les proches immédiats qui, très souvent, découvrent le corps ou assistent aux derniers instants de la personne suicidée. L'American Medical Association rapporte que, dans presque la moitié des suicides du conjoint, les épouses sont les témoins privilégiés (soit visuellement, en arrivant sur les lieux, soit auditivement, en entendant, par exemple, la déflagration d'une arme à feu). Les enfants viennent en deuxième position. Ainsi, plus de 50 % des membres de la famille proche risquent d'être directement impliqués dans le suicide de manière fortement traumatique.

Quelles sont donc les manifestations les plus fréquemment rencontrées dans le PTSD ? (Nous nous focaliserons ici sur le PTSD apparaissant après le suicide d'un proche.)

Le PTSD se caractérise en premier lieu par la réactivation du traumatisme initial, sous la forme d'images intrusives (la silhouette de la personne pendue, son visage tuméfié, etc.) ou de cauchemars. Ces souvenirs font soudain irruption dans la conscience, de façon inattendue, incontrôlable, choquante et très déstabilisante. Ces flash-backs infiltrent et envahissent les activités de la vie quotidienne, au point parfois d'en perturber le cours. Ces images, d'intensité variable en fonction des personnes, s'accompagnent d'émotions douloureuses qui happent l'attention, parasitant les efforts intellectuels comme la concentration ou la mémorisation. Elles sont parfois tellement puissantes que la personne a véritablement l'impression de revoir les événements se dérouler, encore et encore, devant ses yeux, notamment au moment de s'endormir.

Des attitudes d'évitement (de tout ce qui est en rapport avec le traumatisme) peuvent survenir. Extérieurement, on tente de se préserver, en évitant les lieux ou les circonstances qui risqueraient de réactiver le souvenir de l'événement initial. Intérieurement, on se protège – inconsciemment – par ce qu'on appelle la « dissociation ». Ce terme traduit une mise à distance intérieure de l'événement dont on se coupe pour ne pas être submergé par sa violence ; il se vit comme une sorte d'anesthésie affective, où tout affect est absent ou très émoussé. Cette distanciation émotionnelle affecte parfois les relations à autrui quand elle se prolonge dans le temps : le deuil, en soi, conduisant déjà à s'isoler des autres, le PTSD peut malheureusement renforcer cette tendance. Certaines personnes en viennent même à éviter les contacts trop étroits ou trop émotionnels avec autrui, avec l'impression d'être déconnectées du monde, des autres et d'elles-mêmes. Il peut enfin s'installer durablement une perte d'intérêt et/ou un retrait vis-à-vis des activités antérieurement sources de plaisir.

Un état d'hypervigilance caractérise également le PTSD. On se sent constamment en état d'alerte, sous tension, comme aux aguets, et, là encore, cela expose à une baisse des performances intellectuelles, à des troubles du sommeil, à une incapacité à se détendre. La fatigue psychique induite par cet état de stress chronique peut ainsi conduire à de l'irritabilité, de l'impatience et/ou de l'agressivité (éventuellement vis-à-vis des proches qui essaient pourtant de faire de leur mieux pour être aidants). Il est dit que ce stress chronique traduit un état intérieur où la personne traumatisée anticipe et redoute la survenue d'une nouvelle catastrophe.

L'anxiété et la peur sont des réponses naturelles face à une situation de danger. Mais, dans le PTSD, elles persistent bien après la fin de l'expérience traumatique. Comme le disent certaines personnes après plusieurs années : « Une partie de moi est restée là-bas. » De nombreux repères intérieurs ont volé en éclats ; le monde cesse d'être un lieu de sécurité et de prédictibilité : tout peut arriver et on vient d'en faire l'expérience. Le plus petit détail en lien avec la catastrophe peut réactiver violemment cette anxiété de fond. Elle s'associe parfois à un vécu d'impuissance et de perte de contrôle de sa vie.

Enfin, on retrouve très fréquemment un vécu dépressif dans le PTSD, d'autant plus qu'il accompagne le processus de deuil, qui comprend, par lui-même et tout à fait normalement, un temps dépressif. Incidemment, il faut souligner combien le PTSD est encore très largement sous-diagnostiqué chez les proches en deuil après suicide. On peut facilement le confondre avec une simple manifestation du deuil, quand il ne s'exprime que sous les traits d'une dépression.

Il est important de rappeler qu'on ne parle de PTSD que si ces symptômes persistent au fil des mois ou des années, sans amélioration significative.

Voici l'histoire de Pierre. Un soir, en rentrant du travail, il ouvre la porte de sa maison et découvre, dans la pénombre, le corps sans vie de son épouse, pendue dans le hall d'entrée. Pierre est un homme solide, capable de faire face au stress particulièrement intense de sa vie professionnelle ; mais là, c'est trop. La charge émotionnelle est tellement massive que son esprit ne peut intégrer la violence de l'événement : son processus de cicatrisation psychique se « grippe » et se révèle incapable d'« amortir » le choc de la situation. L'image de son épouse décédée se cristallise brusquement en lui et un PTSD caractérisé fait son apparition quelques semaines plus tard. Il est envahi de flashs incessants ; son sommeil se dégrade, ses capacités de concentration et de mémorisation s'effondrent ; il se sent sans cesse sur le qui-vive et une dépression lentement s'installe. Des mois après le suicide, il en est toujours là. On l'a dit : Pierre est un homme solide et il a pourtant développé un PTSD. Cette histoire montre que la survenue d'un PTSD n'est pas un signe de fragilité psychique antérieure ou une marque de faiblesse de caractère préexistant au traumatisme. Il peut survenir même chez des personnes parfaitement bien structurées psychologiquement. En revanche, il est important de rappeler que toute personne en deuil après le suicide ne développe pas systématiquement un PTSD, loin de là ! Bon nombre de gens trouvent, en eux, les moyens d'assimiler et de « métaboliser » le traumatisme, sans qu'un PTSD s'installe.

Pour être complet, il faut savoir que certaines personnes manifestent des signes de PTSD, même si elles n'étaient pas présentes sur le lieu du traumatisme. La force du choc psychique est telle qu'elles peuvent avoir des images mentales et/ou des émotions comparables aux personnes qui ont vécu la scène en direct : c'est ce que les psychiatres américains appellent la « vicarious traumatization », une sorte de traumatisme transposé à quelqu'un qui n'en a pas fait l'expérience directe. L'histoire d'Ingrid en est un exemple : elle n'était pas présente dans la chambre de sa fille quand celle-ci s'est défenestrée, persiste néanmoins en elle l'image de son enfant, de dos, se jetant par la fenêtre, comme si elle avait été dans la pièce ce jour-là.

La prise en charge du PTSD

Les critères que nous venons de voir et qui définissent le PTSD ne sont que des indications ; il faut faire appel à un professionnel pour confirmer ce diagnostic. C'est une démarche importante car on sait qu'un PTSD constitué ne se soigne pas tout seul. Il demande une prise en charge spécifique. Le traitement du PTSD n'est pas le propos de cet ouvrage mais, compte tenu de son impact potentiel dans le vécu du deuil après le suicide, il est important de savoir qu'il existe des moyens psychothérapeutiques et/ou médicamenteux permettant de réduire ou même parfois de traiter complètement les symptômes psychiques associés au PTSD. Je vous renvoie à la fin de ce livre pour plus de précisions sur ces différentes méthodes. N'oubliez pas que ces traitements se focalisent uniquement sur la dimension traumatique du deuil après un suicide ; ils ne permettent en aucune façon de court-circuiter le travail de deuil qui, lui, reste incontournable. Nous y reviendrons plus tard.

Au-delà du traumatisme

Il n'y a pas que le traumatisme pour rendre compte de la spécificité du deuil après suicide. D'autres éléments entrent en jeu. En effet, ce deuil est la seule situation où on pleure la mort d'une personne qui est à l'origine même de son décès. C'est une mort « délibérée », délibérée dans le sens restreint où la personne a activement créé les conditions l'ayant conduite à la mort. C'est en grande partie autour de ce constat que s'articule la souffrance des proches et une infinité de questions en découlent.

Ainsi, avant d'explorer, dans les chapitres suivants, les différents enjeux qui font la spécificité de ce deuil, je vous propose de les aborder ici rapidement, afin de commencer à vous familiariser avec eux. En vous aidant à les identifier comme des enjeux normaux de votre deuil (même s'ils restent douloureux), mon objectif est de faire en sorte qu'ils ne vous apparaissent plus comme des anomalies, ou comme des erreurs de parcours qui ne « devraient » pas vous arriver, si vous agissiez autrement. Conscient que c'est la logique même du processus de deuil après suicide que d'amener, à votre esprit, ces différents questionnements, vous réaliserez progressivement que, si difficile que soit votre situation, vous ne perdez ni votre « normalité » ni le contrôle de votre existence.

Les enjeux personnels

Trouver un sens à l'acte suicidaire

N'y a-t-il pas, au fond de vous, l'intime conviction que les choses auraient pu – ou auraient dû – être différentes ? Cette conviction reste, chez certains, indéracinable, en dépit des antécédents de la personne disparue, qu'il s'agisse de dépression, de psychose, de troubles de la personnalité, ou encore en dépit de toutes les circonstances reconnues comme favorisant le passage à l'acte suicidaire comme la survenue d'une maladie incurable ou d'une ruine financière ou professionnelle. La conviction de fond reste néanmoins que ce décès pouvait, d'une façon ou d'une autre, être prévenu et qu'on a été incapable de faire la différence : qu'est-ce que je n'ai pas vu ? Qu'est-ce que je n'ai pas compris ? Ces questions sont le point de départ d'une recherche que les autres personnes en deuil n'ont pas besoin d'entreprendre. Nous consacrerons un long chapitre sur ce « pourquoi » et sur cette quête de sens qui vous mobilisent pendant tant d'années.

Se confronter aux émotions

La culpabilité occupe, quasi constamment, le devant de la scène, suivie de peu par la colère contre soi-même ou autrui ; on retrouve aussi la honte, le désespoir, la peur ou le sentiment d'insécurité, mais aussi parfois l'ambivalence ou le soulagement. De fait, les émotions constituent la texture même du deuil, quelle que soit sa nature, mais quand il fait suite au suicide, elles prennent une ampleur et une intensité qu'on rencontre rarement ailleurs. Les identifier et s'y confronter est une étape majeure du travail de deuil.

Préserver l'estime de soi

Le suicide d'un proche occasionne une blessure intérieure qui affecte profondément le regard que l'on porte sur soi-même. On ne retrouve nulle part une aussi puissante atteinte de l'estime de soi. Les autres deuils ne génèrent pas autant de doutes sur qui on est, en tant que personne, sur la valeur de ce qu'on donne ou partage avec autrui, sur sa capacité à aimer et à établir des relations significatives. Cette blessure a la capacité de remettre en question ce qu'on croyait acquis pour toujours. L'inquiétude émerge, chez certains, comme, par exemple, celle de ne plus pouvoir aimer ou être aimé à l'avenir. D'autres sont fragilisés au point de ne plus oser s'attacher, de peur de souffrir à nouveau, si les choses devaient encore mal tourner. Atteint de plein fouet, on se sent rejeté, abandonné. À l'extrême, il en résulte un sentiment d'indignité qui peut constituer un obstacle potentiel à l'aide d'autrui : on pense ne pas la mériter et on se met en position de ne pas pouvoir la recevoir. C'est là un insidieux processus d'auto-exclusion qui s'insinue dans l'esprit de nombreuses personnes en deuil après un suicide. Persuadées qu'on les juge ou même qu'on les condamne, elles ont tendance à inconsciemment se replier sur elles-mêmes, renforçant ainsi leur conviction qu'elles n'appartiennent plus à ce monde. Il faut être conscient de ces risques et mesurer à quel point il est essentiel de travailler activement à restaurer un regard sur soi plus doux et plus bienveillant.

Les enjeux relationnels

Qu'on le veuille ou non, la relation aux autres change après le suicide d'un proche et c'est une nouvelle différence par rapport aux autres types de deuil.

Lutter contre le vécu d'exclusion

Le suicide est entaché d'interdits religieux et de tabous sociaux qui persistent encore aujourd'hui dans les esprits, au niveau individuel et collectif. On constate qu'il existe, dans notre société, peu de repères fiables sur la juste façon de se comporter avec quelqu'un touché par le suicide d'un proche. Il n'y a pas de cadre précis : l'entourage se débrouille comme il peut, ne sachant ni quoi dire ni quoi faire ; certains d'ailleurs prennent la fuite pour éviter tout échange ! Il en résulte souvent un malaise dans la relation avec autrui, une gêne qui peut être interprétée par la personne en deuil comme du jugement ou du rejet. Des études montrent que les proches en deuil après suicide ont tendance à se ressentir plus isolés et stigmatisés que les autres, que ce ressenti corresponde ou non à la réalité. Le pire cas de figure en termes d'exclusion est, bien sûr, celui où on se retrouve pris comme bouc émissaire par un entourage hostile.

Face à l'exclusion, le travail à entreprendre est donc à deux niveaux : individuellement, il s'agit d'ajuster sa relation avec autrui, en prenant soin de ne pas y projeter ses propres peurs ou son propre sentiment d'exclusion ; collectivement, un travail de fond pédagogique s'impose, tant sur le deuil en général que sur le deuil après suicide en particulier. Ce n'est que par une démarche éducative de longue haleine qu'émergeront, dans notre société, des attitudes plus adaptées aux besoins des personnes touchées par la mort d'un être cher, notamment après le suicide.

Amortir l'impact du suicide au sein de la famille

On le sait aujourd'hui : toutes les évolutions sont possibles au sein d'une famille dont un membre s'est suicidé ; cela va de l'explosion de la cellule familiale jusqu'à un resserrement profond et durable des liens. Le suicide introduit des enjeux de taille qui ne se posent pas ailleurs : comment va-t-on parler en famille de ce suicide qui s'est élaboré en son sein, sans même qu'on s'en rende compte ? Comment résister à la tentation du déni ou du silence, conspiration du non-dit qui porte en elle le risque de fabriquer de toutes pièces des « secrets de famille » ? Comment chacun va amortir les accusations explicites ou implicites des autres membres de la famille sur la responsabilité des uns et des autres dans la genèse de l'acte suicidaire ? Qu'en sera-t-il désormais du sentiment de sécurité et de confiance qu'est censé apporter le cercle familial ?, etc. Autant de questions qui peuvent vulnérabiliser la famille et qui l'interrogent très directement sur sa capacité (ou son incapacité) à faire face à la violence de l'ouragan qui s'est abattu sur elle.

Faire face à autrui

Quand on nous annonce la mort de quelqu'un, demander la cause du décès est une réaction courante. Cette question ne pose pas habituellement de problème, sauf quand il s'agit d'un suicide. On est beaucoup plus réticent à en parler car on craint les silences gênés, les paroles malheureuses, voire le jugement d'autrui. Alors que dans une maladie comme le cancer, on ne s'appesantit pas sur l'origine, on constate que, dans le suicide, l'entourage a tendance à se focaliser sur l'acte suicidaire et sur ses raisons, en s'autorisant même des jugements de valeur ou des opinions personnelles (non sollicitées...) sur son bien-fondé. Le proche en deuil peut parfois même se retrouver dans la situation absurde où il se sent obligé d'expliquer, d'argumenter, de justifier, et même de se faire « pardonner » l'acte suicidaire ! Rien de tel pour miner les rapports avec autrui. Tout cela constitue autant de raisons qui poussent beaucoup de gens à mentir sur la cause réelle du décès. De plus, on n'a pas non plus envie de partager cette intimité avec tout le monde. Il faut bien se protéger des intrusions indésirables. C'est tout à fait légitime, mais l'enjeu ici est de ne pas se laisser enfermer dans le silence et d'apprendre à parler du suicide comme on le souhaite et quand on le souhaite. On doit faire preuve de discernement et s'accorder la liberté de parler, ou non, du suicide, tout en restant en accord avec soi-même.

Le tableau est-il toujours aussi noir ? Non, soyez rassuré : mon intention est simplement de recenser les difficultés personnelles ou relationnelles susceptibles d'émerger après le suicide d'un proche. Je vous laisse faire la part des choses entre ce qui vous concerne et ce qui ne vous concerne pas. Néanmoins, si vous aviez encore des doutes sur le fait que votre deuil ne ressemble à rien d'autre, je pense qu'ils sont désormais levés. Ce deuil est bel et bien différent des autres, « différent » ne voulant pas dire nécessairement « plus douloureux ». De ce fait, il nécessite qu'on lui accorde une attention particulière.

Le processus de deuil : un processus de cicatrisation

Au-delà de sa dimension traumatique, le deuil après un suicide reste un deuil. Il est donc essentiel d'en comprendre le fonctionnement car c'est lui qui va conditionner votre quotidien dans les mois et années à venir.

Prenons une image pour bien saisir le sens et la fonction véritables du processus de deuil. Imaginez que vous êtes dans votre cuisine à préparer le repas. Vous êtes en train d'éplucher des pommes de terre pour faire des frites et vous avez mis la friteuse en chauffe. Soudain, c'est l'accident : mal posée sur la plaque de la gazinière, la friteuse dérape et son contenu d'huile bouillante se déverse sur votre main, en la brûlant gravement. C'est un traumatisme violent, inattendu ; il vous prend de court. Vous devez néanmoins faire quelque chose de cette main mutilée. Deux possibilités s'ouvrent à vous.

Soit vous décidez d'étouffer la douleur : vous avalez des antalgiques puissants pour ne pas avoir mal et vous enveloppez votre main dans un énorme pansement, « jusqu'à ce que ça passe ». Vous vous dites qu'avec le temps, les choses vont s'arranger d'elles-mêmes et qu'il n'est pas nécessaire de s'appesantir sur cette blessure. Vous avez d'autres priorités dans votre vie et vous n'allez pas vous laisser embêter par cet incident de parcours.

Vous prenez donc la décision de ne pas vous en occuper et de laisser les choses se faire. Vous verrez bien plus tard.

Pourtant, même si vous ne prenez pas en compte cette blessure, celle-ci n'en existe pas moins. Un processus naturel de cicatrisation va s'initier, que vous le vouliez ou non. Et il va se faire comme il peut, en fonction de la place que vous lui accorderez. Même si vous ne voulez pas vous en occuper parce que cela fait trop mal d'y toucher, votre main va commencer à se réparer... mais dans quelles conditions ? Étouffés dans un pansement que vous négligez de changer régulièrement, les tissus vont se reconstruire tant bien que mal avec des adhérences cutanées, des rétractions tendineuses ; une infection peut même s'installer. Avec le temps, certes votre main sera réparée, mais cette cicatrisation ne sera certainement pas de bonne qualité : vous risquez de ne plus pouvoir l'utiliser comme avant. La non-prise en compte de la blessure d'aujourd'hui hypothèque l'avenir et vous pourrez être amené à regretter votre négligence.

Une autre solution s'offre à vous : face à cette blessure soudaine, vous prenez la décision d'accompagner activement le processus de cicatrisation. C'est une décision que vous prenez en toute conscience, face à une situation que vous n'avez pas choisie. Cette lésion de la main vous fait très mal et vous décidez de vous donner les moyens de la soigner du mieux possible. Vous faites donc la démarche d'aller consulter dans un service hospitalier qui prend en charge les brûlures graves. Le médecin fait le bilan de vos lésions et vous confie à une infirmière qui élabore avec vous un programme de soins. Jour après jour, pendant quelques semaines, vous allez la voir : à chaque visite, elle enlève les pansements, élimine soigneusement à la pince les peaux mortes pour favoriser le processus de cicatrisation, met diverses pommades antiseptiques pour prévenir l'infection. Un peu plus tard, comme la brûlure a touché les tendons des doigts, elle vous oriente vers un kinésithérapeute qui vous aide à retrouver progressivement la souplesse de vos doigts et finalement l'utilisation normale de votre main.

Or tous ces soins font mal – très mal parfois quand l'infirmière retire, un par un, les lambeaux de peau morte. Elle vous fait mal mais vous acceptez cette douleur (même si on vous donne un médicament pour l'atténuer) car vous êtes convaincu que ce mal est nécessaire pour véritablement prendre soin de cette main mutilée. Vous savez que, grâce à l'attention soutenue qu'on lui porte, votre main va cicatriser dans de bonnes conditions. À terme, elle sera à nouveau souple et fonctionnelle. Certes, elle portera toujours les traces de la blessure initiale (c'est quelque chose que vous ne pourrez plus effacer de votre histoire), mais ses conséquences sur le long terme seront beaucoup moins graves que si vous l'aviez négligée. Vous avez au contraire décidé de prendre en compte la blessure au moment où elle s'est présentée à vous.

Ramenée à ce que vous êtes en train de vivre après le décès de la personne que vous aimez, que nous apprend cette métaphore de la main brûlée ?

Vous pouvez être dans le premier cas de figure et espérer qu'avec le temps, tout va rentrer dans l'ordre. C'est risquer gros car, que vous le vouliez ou non, un « processus de cicatrisation psychique » va se mettre en route après le traumatisme de la perte ; ce mouvement spontané de cicatrisation est indépendant de votre volonté et, si vous ne l'accompagnez pas, il va se faire comme il peut avec de possibles conséquences défavorables pour l'avenir. Vous pouvez aussi prendre la décision d'être dans le second cas de figure : cela ne va pas atténuer la douleur du processus (quoique...) mais vous choisissez de l'accompagner pour que, à terme, il s'intègre le plus harmonieusement possible dans votre vie : ce travail que vous décidez d'entreprendre est ce qu'on appelle le « travail de deuil ». Donc, pour être clair, il y a, d'un côté, le processus de deuil qui se fait tout seul, naturellement après chaque traumatisme, qu'il soit accompagné ou non et, de l'autre, le travail de deuil qui, lui, ne se fait pas tout seul mais procède d'une décision consciente d'accompagner le processus de deuil et finalement de courageusement prendre en charge le cours de sa vie.

C'est à cela que je vous invite : prendre soin de vous, en vous engageant dans un véritable travail de deuil. Vous avez bien compris que ce travail sera douloureux ; mais ce que vous vivez aujourd'hui ne l'est-il pas déjà ? L'objectif est de faire quelque chose de ce paquet de souffrance qui a brusquement émergé dans votre vie. S'engager dans un travail de deuil, c'est refuser de se retrouver impuissant. Le travail de deuil auquel je vous convie va vous permettre de canaliser votre douleur en l'inscrivant dans quelque chose de cohérent et qui a du sens : c'est le plan de soins que l'infirmière construit avec vous pour traiter votre main. Mais c'est aussi beaucoup plus : ce travail est la garantie que vous ne perdrez pas à nouveau la personne que vous aimez dans les méandres de la vie. Sachez que, par ce travail, vous créez les conditions pour l'accueillir définitivement en vous, en ce lieu intérieur que plus rien ne pourra remettre en question, par-delà les années. Elle sera là à tout jamais. Ce n'est pas moi qui vous le dis, ce sont toutes ces personnes qui ont autrefois traversé l'épreuve de la séparation et qui affirment aujourd'hui s'être réapproprié l'être aimé grâce au travail de deuil. Je sais bien que le mot « deuil » vous fait peur car vous l'assimilez à l'oubli de la personne aimée. Comprenez pourtant que c'est tout l'inverse qui se passe ! Le travail de deuil est le garant du non-oubli ! C'est justement quand on ne parvient pas à mener ce travail qu'on crée des obstacles intérieurs au retour en soi de l'être aimé.

Renoncez aussi définitivement à l'idée que d'accepter de vivre le deuil est une marque de faiblesse de caractère. Il est absurde de ne vouloir s'en remettre qu'à sa seule « force de caractère » pour affronter cette souffrance et l'évacuer avec dédain, en considérant que les émotions du deuil ne sont le lot que des personnes fragiles et vulnérables ! Avez-vous déjà essayé de courir un 100 mètres avec une jambe cassée... ou de monter à la corde lisse après une fracture du poignet ? Qu'est-ce que la force de caractère et la volonté ont à faire avec la capacité d'accomplir de tels efforts physiques ? Cela n'a tout simplement rien à voir. La vérité est qu'on ne peut pas accomplir cet effort car on est dans l'impossibilité absolue de le faire. Alors qu'on accepte avec philosophie une blessure physique et ses conséquences, sans même imaginer une seule seconde qu'elle remet en question notre valeur intrinsèque en tant que personne, on observe tout le contraire quand il s'agit du deuil ! Alors, s'il vous plaît, ne vous mettez pas la pression. N'ayez pas vis-à-vis de vous-même des attentes irréalistes sur ce que vous voudriez être capable d'accomplir au cours de votre deuil. La volonté n'a pas sa place dans le choix de rentrer ou non dans le processus de deuil. Il est tout simplement. C'est un phénomène naturel qui demande qu'on accepte de se confronter aux émotions qui apparaissent, qu'on accepte d'inviter en soi, avec aplomb et authenticité, la détresse, la colère, la peur, la culpabilité qui en sont les voies incontournables. Ce n'est pas parce qu'on donne de l'espace à ces émotions qu'on est – ou qu'on devient – quelqu'un de fragile. Croire qu'on peut évacuer avec mépris le ressenti du deuil est la pire des erreurs : il est des blessures qu'on ne peut pas s'offrir le luxe de négliger.

Enfin, il est vrai que le travail de deuil reste quelque chose de douloureux à vivre, quelle que soit la manière de le présenter. Et il est aussi évident que ni vous, ni personne, ne souhaitez souffrir. Il est compréhensible que vous ayez un peu peur de ce qui s'annonce. Vous n'avez pas envie d'emprunter ce chemin car ce qui se passe dans votre vie est déjà suffisamment pénible et vous ne voulez pas en rajouter. Et pourtant, c'est un mal pour un bien : je ne peux que vous le dire et rien ne vous oblige à me croire car ce n'est qu'en faisant directement l'expérience de ce travail que vous en comprendrez le sens et le bienfait. Il y a à vos côtés tous ces gens qui ont connu cette même souffrance que celle qui vous déchire et qui vont bien aujourd'hui. Il vous faut un peu de temps. Mais le temps à lui seul ne suffira pas : vous vous rendrez même compte que les choses semblent devenir pires si vous ne vous en remettez qu'au temps qui passe. Il faut autre chose en plus, et ce quelque chose est l'engagement conscient dans un authentique travail de deuil. L'apaisement du cœur est à ce prix et cela en vaut la peine.

Le deuil est donc le garant de la guérison. C'est par lui et grâce à lui qu'on va pouvoir réapprendre à vivre sans la présence de la personne aimée. Comme après une blessure physique, il laissera aussi une cicatrice. C'est inévitable. Ce sera cette zone de vulnérabilité qu'on portera toujours en soi, tout au long de son existence. Tout comme la cicatrice peut faire un peu plus mal de temps à autre en fonction des changements de température ou de la pression qu'on exerce sur elle, la cicatrice du deuil pourra aussi être douloureuse par-delà les années, quand les circonstances réactivent le souvenir : un fils se marie et son père n'est plus là pour le voir et le serrer dans ses bras, on fête la naissance d'un petit-fils qui ne connaîtra jamais sa grand-mère, on célèbre Noël ou un anniversaire et le souvenir de celui ou celle qui n'est plus là est présent dans l'esprit de tous... La douleur est là à nouveau, mais peut être plus douce, plus tolérable, moins violente, et elle n'a plus l'intensité dévastatrice des premières années. Parfois même, on est presque étonné de l'étrange plaisir à la retrouver.

Un vécu personnel et légitime

On ne peut pas réduire le vécu du deuil à la seule souffrance d'avoir perdu quelqu'un qu'on aime. C'est beaucoup plus grand, c'est beaucoup plus vaste. En effet, toutes les dimensions de l'être sont interpellées par cette douleur qui imprègne et envahit chaque recoin de la vie. C'est d'abord un vécu physique où le corps parle et hurle sa douleur par un épuisement qu'aucun repos, au début, ne semble compenser. C'est aussi un état psychologique qui effraie par son intensité : un flot de pensées et de sentiments mobilise l'esprit pendant un temps qui semble interminable, au point qu'on se demande si on arrivera jamais à vivre autrement que dans cette camisole émotionnelle. C'est enfin un événement social et relationnel qui va profondément remettre en question le rapport à soi-même et à autrui. On saisit très vite qu'il existe un décalage entre ce qu'on vit et ce qu'en comprend autrui ; une incompréhension mutuelle en résulte très fréquemment. De plus, on se sent devenir « autre », différent, mais on ignore vers quoi on tend et comment va se réorganiser notre rapport au monde. Tout devient flou et reste flou pendant longtemps ; les certitudes tombent, les repères éclatent et on commence alors à entr'apercevoir l'ampleur de la tâche à mener à bien.

D'où l'importance capitale de comprendre ce qui se passe. Ce n'est pas parce qu'on « sait » qu'on a moins mal. C'est parce qu'on sait qu'on donne un autre sens à sa souffrance et ça, c'est une différence considérable. On ne souffre plus « à vide », on comprend qu'il y a une cohérence interne dans ce qu'on est en train de vivre.

2

QUAND TOUT BASCULE...

Quand mon fils est rentré de l'école ce matin-là, je lui ai dit, tout de go, sans réfléchir, que son père s'était pendu dans la cave et que je n'avais pas réussi à le réanimer. On était tous les deux comme foudroyés. On ne pouvait plus rien dire, plus rien faire. Sous le choc, on s'est assis en silence dans le salon et on a attendu les pompiers...

Tout s'effondrait brutalement ! Son corps était là, étendu au milieu de la pièce dans une mare de sang. Je suis restée prostrée en face de ce spectacle horrible. Je ne sais plus combien de temps je suis restée comme ça. J'étais complètement déconnectée ; je ne me rendais plus compte de ce qui se passait.

Y a-t-il des mots pour décrire l'horreur de découvrir le corps sans vie de quelqu'un qu'on aime ? Comment surmonter l'effroi, la panique, la sidération qui s'abat sur soi, quand on assiste, impuissant, aux derniers instants de son enfant ou de son compagnon ? Pourra-t-on jamais faire comprendre à autrui que sa vie, à cet instant précis, a basculé à tout jamais ?

L'onde de choc

Vous faites peut-être partie de ceux qui ont découvert le corps et le chapitre précédent a dû trouver en vous un écho tout particulier. Si, en revanche, d'autres l'ont découvert avant vous, le choc a été tout aussi violent mais il est probable qu'il ait été davantage « amorti ». On constate qu'en général, ne pas être confronté directement à la crudité du suicide atténue son impact traumatique. Ce fut le cas pour Patricia, quand son mari est décédé :

> Je n'ai rien vu du suicide par lui-même. Quand je suis arrivée, les pompiers avaient déjà tout rangé ; la corde que mon mari avait utilisée pour se pendre avait été emportée par la police pour l'enquête. Il ne restait plus rien, rien qui pouvait dire que quelqu'un venait de mourir ici. Avec le recul, je pense que ça m'a aidée. En revanche, même si je n'ai pas vu son corps pendu, j'ai longtemps eu des flashs de lui en train de passer à l'acte ; j'ai également eu des images du moment où on l'a découvert. C'est un peu moins présent maintenant.

Quelles que soient les circonstances, le choc est la première étape d'un processus où vous vous trouvez propulsé sans pouvoir, au début, comprendre ce qui se passe. Cet état de choc est en fait une indispensable protection psychique qui se met inconsciemment en place, afin d'empêcher l'esprit de totalement voler en éclats. C'est une réaction naturelle et nécessaire qui permet de faire face à une situation de stress extrême. Ainsi, cette toute première étape du deuil se caractérise par une sorte d'anesthésie émotionnelle. Certains s'étonnent – ou s'inquiètent – de ne rien ressentir, comme s'ils étaient déconnectés d'eux-mêmes. Ils se culpabilisent de ne pas être capables de verser la moindre larme pendant parfois plusieurs jours et particulièrement le jour des obsèques : ce n'est pas parce qu'ils se révèlent brusquement sans cœur, mais au contraire parce qu'un mécanisme de protection bloque, en quelque sorte, l'expression émotionnelle. Cette réaction est en fait très fréquente et tout à fait normale. Sous l'action de cette anesthésie émotionnelle, on constate que le mental fonctionne (parfois très efficacement) et, à son grand étonnement quand on y pense rétrospectivement, on se découvre capable de téléphoner aux proches, de les accueillir à la maison, d'organiser une cérémonie religieuse ou encore d'accomplir les démarches administratives.

> J'étais comme un zombie. Je me voyais faire tout ce qu'il y avait à faire, mais je ne ressentais rien, hormis ces bouffées d'angoisse qui me prenaient soudain au dépourvu, sans que je puisse les contrôler. J'avais aussi des pensées bizarres ; je me suis vraiment demandé si je n'étais pas en train de perdre la tête.

La durée de cette phase de choc est très variable d'une personne à l'autre ; elle peut aller de quelques heures à quelques jours. Dans le cas du suicide, il n'est pas surprenant de la voir durer plus longtemps, du fait de la composante traumatique qui peut ralentir le processus d'intégration psychique, mais sans que cela soit particulièrement pathologique. Le choc s'associe aussi chez certaines personnes à une complète incrédulité quant à la réalité des événements : l'idée du suicide est, au début, tellement énorme, tellement aberrante, tellement inconcevable qu'elles ne parviennent pas à l'intégrer.

> Je n'arrivais pas à admettre que mon fils était mort. Plein de choses défilaient dans mon esprit, sauf l'idée que cela pouvait être vrai ! Je n'y croyais pas, je n'arrivais même pas à appliquer intellectuellement le mot « suicide » à mon enfant.

La suite des événements varie considérablement d'une situation à l'autre. Une infinité de cas de figure sont possibles qui sont autant de spécificités individuelles dans le vécu ultérieur du deuil :

la disponibilité immédiate, ou non, des proches, l'intervention des secours plus ou moins rapide, la durée des tentatives de réanimation, la possibilité, ou non, de voir le corps... autant de facteurs qui rendent unique votre propre histoire. Il existe, en revanche, des constantes caractéristiques du décès par suicide qu'il peut vous être utile de connaître pour mieux comprendre, rétrospectivement, ce qui s'est passé.

Les procédures légales

Un événement particulier survient également après la découverte du corps. En effet, il faut savoir que le suicide entraîne inévitablement une procédure judiciaire, cette enquête étant décidée par le procureur de la République. Il est impossible de s'y soustraire. Vu la situation, il est clair que cela représente un traumatisme supplémentaire pour les proches qui, sous le choc, ne parviennent pas à en comprendre le sens. Disons-le simplement : cette enquête a pour objectif de préciser les causes du décès, afin d'écarter la possibilité d'un homicide déguisé en suicide. Ainsi, les policiers ou gendarmes qui demandent à rencontrer les proches ne sont bien évidemment pas là pour porter des accusations sur qui que ce soit. Leur rôle est de recueillir le plus d'éléments concrets et de témoignages qui vont permettre de mieux comprendre les circonstances du décès. Cette enquête peut s'avérer très utile et même parfois réconfortante, quand il persiste un doute obsédant sur les conditions exactes du suicide.

Puis le corps de la personne décédée est transféré dans un service de médecine légale, où sont effectués des examens visant à confirmer les causes et les circonstances du décès (autopsie ou simple examen médical). Des réponses supplémentaires peuvent être données aux proches qui le désirent, suite à cet examen. Ce n'est que dans un deuxième temps que le corps est remis à la famille afin qu'elle procède aux obsèques.

Le temps des obsèques

Comment alors amortir ce qui s'est passé ? C'est si violent. On a l'intuition qu'il est absolument nécessaire de mettre à la place de ces images de cauchemar quelque chose d'un peu moins brutal, afin de ne pas se laisser engloutir par l'horreur et le désespoir. C'est là où le temps des obsèques prend sa pleine dimension. Après un suicide, elles permettent de poser des actes et des mots qui ont pour fonction de circonscrire et de canaliser la douleur.

Le traumatisme est tel qu'il va falloir beaucoup de temps avant de réussir à l'« intégrer » pleinement en soi, « intégrer » signifiant ici « parvenir à la pleine conscience de la réalité du décès, dans un premier temps, et du suicide, dans un second ». En effet, même si on comprend intellectuellement que la personne qu'on aime est décédée, il est possible que ça ne suive pas émotionnellement, tant cette réalité paraît « hors cadre ». Il faut prendre le temps de cheminer intérieurement, en mobilisant des outils susceptibles de nous y aider. Les rituels, quels qu'ils soient, laïcs ou religieux, publics ou solitaires, sont de cet ordre. Je ne vais pas revenir ici sur leur importance après le décès car j'aborde ce thème en détail dans *Vivre le deuil au jour le jour*. Je vous y renvoie et vous propose ici de nous focaliser sur les enjeux spécifiques liés au suicide durant le temps des obsèques.

Les rituels aident à apporter un peu de cohérence dans le chaos qui fait suite au suicide. Si on se donne le temps d'élaborer une rencontre ou une cérémonie qui a vraiment du sens pour soi, les obsèques de la personne qu'on a perdue peuvent devenir un espace d'apaisement, voire de réparation, qui pose les premières bases du chemin à parcourir. Mais on sait bien aussi que tout peut arriver. On m'a rapporté des situations malheureuses où les obsèques se sont transformées en règlement de comptes : la famille, les proches, les amis sont réunis en un même lieu et l'air se charge de reproches et d'accusations. Une mère prend violemment à partie sa belle-fille, en l'accusant d'être responsable de la mort de son fils ; celle-ci riposte en lui demandant quel type de mère elle a été pour fragiliser ainsi son enfant. Un ado révèle froidement à l'assemblée les conflits qui déchiraient son foyer et désigne explicitement son père comme le responsable du suicide de sa mère. Un frère en deuil crache sa colère au visage de ses parents, les accusant d'avoir abandonné sa sœur dans le gouffre de la dépression. Des paroles assassines dont on ne mesure pas toujours le pouvoir de destruction et qui s'infiltrent dans les esprits, occasionnant d'irréversibles dégâts. Ces circonstances pénibles restent néanmoins l'exception. Dans l'immense majorité des cas, réunir ses proches autour de soi est d'une aide inestimable.

> J'ai eu la chance d'être vraiment aidée et entourée. Il y a eu un mouvement de sympathie spontané, même de la part de personnes que je connaissais très peu. J'ai été surprise de percevoir tant de gentillesse autour de moi. En fait, ce sont les messages les plus simples qui m'ont fait le plus de bien ; c'était juste ce dont j'avais besoin : « On est là, on tient à toi. » Rien de compliqué...

> Les trois premiers jours, j'étais dézingué. Les amis et la famille sont venus et ils se sont occupés de nous. Je me suis laissé faire... Si je vis aujourd'hui, c'est aussi grâce à eux ; quand je craque, je puise dans tout cet amour qui nous a été donné à ce moment-là.

Même dans les meilleures conditions, certains proches en deuil ressentent un pincement au cœur, comme une sorte de malaise à l'idée de réunir tous ces gens autour d'un événement aussi tragique. D'autres confient combien ils se sont sentis gênés devant tant de manifestations d'affection, alors que, dans leur for intérieur, ils se sentaient si coupables et indignes d'un tel soutien : « À l'époque, reconnaît une jeune mère, j'étais convaincue que je ne méritais pas d'être traitée avec autant de bienveillance et de sollicitude. »

Au-delà des craintes et des réticences, il ne faut pas perdre de vue que les rituels sont aussi bénéfiques pour l'entourage. Non seulement les obsèques lui donnent l'occasion de manifester son soutien et son affection, en dépit de ses inévitables maladresses, mais elles répondent également à son propre besoin de témoigner de son attachement à la personne décédée. Cela fait du bien de voir que les gens qu'on aime existent aussi dans le cœur de ceux qui les ont connus.

Dire au revoir

Le suicide vous a mis devant le fait accompli : vous n'avez pas pu dire au revoir à cette personne qui vous a quitté trop vite. Les rituels vous donnent l'opportunité de dire « au revoir », tout en restaurant le lien, paradoxalement. Vous l'accomplissez à votre rythme, à votre façon, et rien ne vous empêche de le répéter, encore et encore, tant que vous en avez besoin. Nombreux sont ceux qui disent que le suicide a meurtri le souvenir de la personne décédée, à cause notamment des images violentes qui envahissent l'esprit et empêchent d'avoir accès à des souvenirs plus heureux du passé. Le rituel peut aider à prendre le contre-pied de cette souffrance. Même si rien ne peut complètement effacer ces images, il est possible d'y juxtaposer un peu de paix et de beauté, par des fleurs, de la musique, des couleurs, des odeurs... tout ce qui contribue à apporter un peu d'harmonie.

Nommer le suicide ?

Il se pose aussi la question de savoir si on parle ou non du suicide au cours des obsèques. Pour certains d'entre vous, c'est évident : la question ne se pose même pas, mais, pour d'autres, ce n'est pas aussi simple. Au dire de personnes ayant choisi de nommer explicitement le suicide, c'est une démarche positive. « C'est l'occasion de mettre tout le monde à niveau, affirme ce père. Ça dit à tout le monde qu'on refuse la loi du silence. Il n'y a plus rien à cacher, plus rien à éviter : on peut parler sans détour de ce qui s'est passé et moi, ça me fait du bien ! » Il y a une autre bonne raison qui me semble aller encore plus loin : on peut parler du suicide pendant les obsèques (mais également plus tard), tout en affirmant que la vie de la personne qu'on a perdue ne se réduit pas au seul fait de s'être suicidée. Ses obsèques doivent être l'occasion d'honorer toutes les dimensions de son existence. Le suicide de quelqu'un ne résume pas son histoire de vie.

« Oui, je comprends tout ce qui est dit ici, pourriez-vous peut-être penser. Cela m'aurait fait du bien, mais mon fils est décédé il y a cinq ans. C'est trop tard maintenant. » Eh bien non, ce n'est pas trop tard. Il n'est jamais trop tard pour s'accorder le réconfort d'un rituel, même si le décès remonte à plusieurs années ! Une partie du deuil est hors du temps et il est possible de faire aujourd'hui ce qu'on n'a pas pu – ou pas voulu – faire autrefois. Une dame me racontait qu'elle a réuni ses proches autour d'un repas, quatre ans après le suicide de son mari, en consacrant cette réunion au souvenir de son époux. C'était, pour elle, une façon de « réparer » des obsèques qui s'étaient très mal passées à cause des accusations qui avaient fusé, ce jour-là, de la part de sa belle-famille...

En matière de rituels et de commémorations, tout est possible. Laissez parler votre imagination : réunissez vos amis pour planter un arbre du souvenir, organisez un concert dans l'église de votre village, préparez un repas comme l'a fait cette femme. L'important est que cela ait du sens pour vous. Si, en lisant ces lignes, vous ressentez le besoin d'un nouveau rituel pour marquer une étape de votre chemin intérieur, n'hésitez pas ! Il n'y a rien de malsain là-dedans ; au contraire, cela peut vous aider à clore quelque chose qui reste en suspens en vous. C'est aussi l'occasion de revisiter le passé et de mesurer le chemin parcouru, à distance d'une peine qui était peut-être à l'époque trop intense.

Continuer à vivre ?

Et puis on rentre à la maison, seul ou avec les autres membres de la famille, tous autant sonnés et perdus que soi. Que faire maintenant ? Comment continuer à vivre ? Parfois, la question ne se pose pas : cela semble tout simplement impossible et les pensées les plus radicales s'imposent à l'esprit comme ultime réponse à cette trop grande souffrance.

> Quelques jours après le décès de ma fille, en sortant de la douche, j'avais tellement mal que je n'avais qu'une idée en tête : la rejoindre, en me tuant moi aussi... Quand cette idée m'a traversé l'esprit, ça m'a calmé, la douleur est partie. Ça allait mieux. Vous comprenez : il fallait que je prenne la main de ma petite fille, que je l'accompagne comme je l'avais toujours fait ; je ne pouvais pas la laisser toute seule dans le noir, de l'autre côté. Alors il n'y avait que cette décision qui comptait ; et soudain, j'étais apaisé, je savais quoi faire...

Ce père n'est finalement pas passé à l'acte. Aidé par une amie qui a pu entendre son désir de mort et utiliser les mots justes, il a pu trouver l'énergie de continuer sa vie, en se focalisant sur son épouse et ses autres enfants.

Sa réaction fait-elle écho en vous ? N'avez-vous pas, vous aussi, pensé qu'il n'y avait pas d'autre issue que le suicide pour apaiser votre propre douleur ? Sachez-le, c'est extrêmement fréquent. Ce désir de mort est d'ailleurs une des caractéristiques du deuil après le suicide : il est connu pour être un facteur de risque non négligeable de passage à l'acte suicidaire pour les proches qui restent. Nous n'allons pas développer cette question ici ; elle est tellement importante que nous y reviendrons plus loin dans le chapitre consacré à la dépression.

Donc, continuer à vivre. D'accord... Mais comment s'y prendre ? Alors que cette question n'était jamais venue à l'esprit auparavant, on se demande aujourd'hui comment font les autres pour se lever chaque matin et aller au travail. Comment font-ils pour être légers et insouciants ? On a soudain l'impression d'avoir perdu le mode d'emploi d'une vie normale ; on est « ailleurs », dans un autre monde, un monde dont on ne sait rien et où pourtant on doit apprendre à se repérer, pour ne pas s'y perdre davantage. C'est alors que, du tréfonds de l'inconscient, se met en place, après le choc initial, la seconde phase du processus de deuil. On ne le décide pas. Ça se passe tout simplement. Sa survenue n'est que dans la logique du processus de cicatrisation psychique et on se rend compte qu'on n'a rien d'autre à faire que de suivre ce mouvement intérieur. Ce deuxième temps du deuil, c'est ce qu'on appelle la phase de fuite et de recherche...

Fuir la souffrance... recherche la personne disparue

Durant les premiers mois, la consigne est simple : « tenir », tenir debout un jour à la fois ; tenir pour les enfants, pour les autres, pour soi-même peut-être ; tenir pour ne pas sombrer. Cette simple idée mobilise le peu d'énergie qui reste en soi. De toute façon, on ne sait pas quoi faire d'autre pour le moment. Et aussi, il faut essayer de ne pas penser ; il ne faut pas laisser s'immiscer en soi certaines pensées dont on redoute la portée et les conséquences : les questions sur le pourquoi de cette horreur, l'insupportable confrontation aux éventuelles erreurs, à ce qu'on n'a pas vu, pas compris, pas senti. Chacun tente alors de faire comme il peut, en élaborant des stratégies de survie – la plupart du temps inconscientes – pour se protéger d'un vécu intérieur dont il pressent la douloureuse intensité.

Fuir la souffrance

Ce n'est pas un acte délibéré : les tentatives de fuir la souffrance sont inhérentes à l'être humain.

On veut tout simplement arrêter d'avoir mal. Ainsi, les premiers temps du deuil sont souvent marqués par une sorte d'agitation intérieure qui s'empare de l'esprit et dont l'objectif est de court-circuiter la douleur. En fonction des personnes, cela va d'une simple tension intérieure jusqu'à une véritable agitation frénétique où on se perd dans un flot d'activités. D'une certaine manière, on fait « comme si » : comme si on pouvait annuler ce qui s'est passé, en montrant à soi-même et à autrui que la vie peut continuer comme avant, comme si rien n'avait changé. L'espoir sous-jacent est de pouvoir rapidement amortir le choc, sans avoir à réformer la totalité de son existence. Alors, on court, on court aussi vite qu'on peut, pour ne pas être rattrapé par ce raz-de-marée qui menace de déferler sur soi. On court pendant des semaines, on court pendant des mois... et lentement on s'épuise. On ne s'en rend pas compte tout de suite ; ce sera plus tard, quand on n'aura plus d'énergie pour maintenir à distance la réalité. Mais, pour l'instant, l'urgence est de faire comme si on pouvait neutraliser l'absurde.

Comment cela s'est passé pour vous ? Comme cela se passe encore pour vous ? Vous êtes-vous soûlé de travail, afin de ne plus penser ? Avez-vous déménagé dans le mois qui a suivi le suicide pour canaliser vos efforts dans une foule de détails ? Êtes-vous tombé amoureux, deux mois après le décès de votre épouse, en pensant que « ça y est », la douleur était derrière vous ? Êtes-vous sorti tous les soirs, comme cette jeune maman qui, pendant des mois, ne supportait pas de rester chez elle, après la mort de sa fille ? Il n'y a rien d'étonnant ni d'anormal à tout cela. C'est le simple constat de ce que des gens comme vous vivent, jour après jour, dans les premiers temps de leur deuil. Chacun est unique et réagit à sa manière. Pour vous, cette tentative de mise à distance de la douleur est peut-être plutôt passée par le retrait, le besoin de vide, le silence, l'envie de ne pas bouger et de rester immobile car le moindre geste faisait mal.

Quoi qu'il en soit, comprenez ce temps de « fuite » comme un temps d'ajustement à une situation nouvelle, comme un espace de transition entre votre monde d'avant et votre vie à venir. Chacun le vit à sa manière, il n'y a pas de règle définie. Cette tendance à vouloir « fonctionner » comme « avant » est naturelle. On veut pouvoir se dire que tout va bien, qu'on conserve son intégrité, qu'on n'est pas menacé, qu'on va s'en sortir indemne. Et, pour un temps, ça marche !

Rechercher la personne disparue

L'autre volet de cette seconde phase du deuil est celui de la recherche. Celle-ci se construit autour de l'idée qu'il est impossible de concevoir la vie sans la personne qu'on a perdue. On va alors s'accrocher à tout ce qui parle d'elle et à tout ce qui nourrit et entretient le lien et le souvenir de sa présence. Là encore, cette réaction est tout à fait normale : cette recherche n'est pas morbide ; elle répond à un besoin et à une nécessité intérieure que rien ne peut infléchir, tant elle est impérieuse.

Si vous en êtes à ce stade, regardez vos réactions et comportements depuis les derniers mois. Ne visent-ils pas tous à maintenir présente la personne que vous avez perdue à travers les objets ou les vêtements qui lui ont appartenu et que vous gardez intacts dans l'armoire..., à travers les photos que vous accrochez sur tous les murs de votre appartement..., à travers ces conversations qui perdent aussitôt leur intérêt quand vos interlocuteurs n'évoquent plus la personne disparue..., à travers vous, à chaque instant, en filigrane de toutes vos pensées ? Pendant des mois et des mois, on éprouve le besoin de parler encore et encore de ce qui s'est passé et de la souffrance qu'on est en train de vivre. Et même si on n'arrive pas à en parler, c'est néanmoins là en soi, incessant, obsédant au point que parfois on se demande si on arrivera un jour à penser à autre chose. Tout tourne autour de cette personne qu'on a perdue, tout y ramène : la moindre circonstance, la moindre remarque, le moindre objet. On se rend sur les lieux où on allait ensemble et on reste assis en silence, à attendre, perdu dans ses pensées, que quelque chose se passe : un signe, un message, n'importe quoi, quelque chose qui ferait du bien, quelque chose qui dirait qu'on n'est pas tout seul et que le lien n'est pas définitivement rompu.

Au début, les proches comprennent ce besoin de s'entourer de tout ce qui évoque la personne disparue, mais, avec le temps qui passe, ils commencent à s'inquiéter et des paroles malheureuses, issues de leur méconnaissance du processus de deuil, commencent à émerger : « Arrête de mettre les photos de ton fils partout dans l'appartement. C'est un peu malsain. Cela fait dix mois maintenant, il faut passer à autre chose, il faut tourner la page ! » ou encore : « Tu te complais dans ton malheur à parler tout le temps de la mort de ton mari. Je suis ton amie, je veux t'aider, mais ne compte pas sur moi pour cautionner ça, ce n'est pas sain. » Et on « encaisse » en silence, ou on explose de colère devant tant d'incompréhension. De fait, on s'aperçoit rapidement qu'il va devenir de plus en plus difficile de parler ouvertement de sa peine et de la personne qu'on a perdue. Les autres ne comprennent pas, et ce pénible constat renforce l'insidieux sentiment qu'on vit désormais sur une autre planète. Là, on commence à entrevoir les prémices de la solitude qui caractérisera les temps à venir.

Une autre relation aux choses

Tout commence à changer au fil de cette deuxième phase du deuil. Tout : même le rapport aux objets. Certains deviennent précieux car ils aident à maintenir le lien mais, en même temps, ils constituent le douloureux rappel de quelque chose qui « n'aurait pas dû être ». Certains d'entre vous ont la chance de pouvoir établir d'emblée une relation sereine avec ces rappels du passé. D'autres en revanche développent une relation ambiguë avec eux : ils ont besoin de les toucher, de les sentir, de les savoir à leur juste place dans la maison mais, d'un autre côté, ils voudraient pouvoir faire disparaître de leur vue l'évocation de tant de souvenirs et de tant de souffrance. Quoi qu'il en soit, il n'y a pas de bonne ou de mauvaise manière de se comporter vis-à-vis des possessions de la personne disparue. Il y a ceux qui décident de faire le vide, en faisant disparaître, en un après-midi, tout ce qui peut leur rappeler la présence de la personne suicidée, et ceux qui s'interdisent de déplacer le moindre objet : pendant des mois, ils regardent, sans oser y toucher, la brosse à dents sur le rebord du lavabo, le manteau accroché dans l'entrée, ou encore le sac de sport plein d'affaires sales posé dans une chambre où ils ne peuvent plus rentrer. D'autres enfin, indécis sur la bonne marche à suivre, mettent toutes les affaires dans des boîtes ou des coffres qu'ils stockent à la cave ou au grenier, jusqu'à ce qu'ils trouvent les moyens, ou la force, d'en faire quelque chose. De toute façon, rien ne presse. Il n'y a aucune urgence à faire immédiatement quelque chose de ces objets, dans la mesure où leur présence ne vient pas interférer avec le déroulement du deuil. Telle femme, deux ans après le décès de son fils, n'a toujours pas nettoyé sa maison, devenue depuis un vrai taudis, de peur d'effacer les dernières traces de son enfant... alors que telle autre porte quotidiennement les vêtements de son compagnon sans que cela porte à conséquence dans sa vie de tous les jours.

La maison peut elle-même devenir un lieu ambigu, du fait du suicide. Soit rien ne change et chaque membre de la famille parvient à y retrouver ses marques. Soit elle porte, à tout jamais, le sceau de la mort et cesse d'être un lieu-refuge.

> On a le désir de changer de maison car c'est là où tout s'est passé. Je ne vais plus au deuxième étage, là où se trouve la chambre où notre fille s'est suicidée. Mon mari a essayé une fois... mais il n'y va plus non plus. On a laissé les placards en l'état, je n'ai même pas passé l'aspirateur depuis un an ; j'ai jeté les draps parce qu'il y avait du sang dessus et j'ai rangé ses affaires. Maintenant, tout est figé. La femme de ménage ne monte plus à l'étage. Elle dit qu'elle a peur de faire le ménage toute seule dans la maison. Ça peut paraître idiot, mais c'est aussi ce genre de choses qu'il faut apprendre à gérer. Mon autre fille a aussi longtemps eu peur de rentrer seule à la maison. Avec ce qui s'est passé, on se dit que la maison va être difficile à vendre.

Combien de temps dure cette phase de fuite/recherche ? C'est difficile à dire... On ne peut donner qu'une fourchette approximative de six mois minimum à... dix-douze mois et parfois plus, sans qu'il s'agisse nécessairement d'un deuil pathologique. Même si cette estimation semble correspondre assez bien à la réalité, il est toujours indispensable de considérer chaque situation au cas par cas, en évitant toute généralisation. De plus, comme nous l'avons déjà souligné, ce deuil n'est pas un deuil comme les autres et il comporte un paramètre essentiel qui interfère grandement dans le cours et la durée de la deuxième phase du deuil : c'est la question du pourquoi, ce « pourquoi » qui s'impose à l'esprit, dès les premiers instants, et qui assiège les pensées pendant un temps qui semble infini. C'est cet autre aspect de la phase de recherche que nous allons maintenant explorer.

3

POURQUOI ?

La question du « pourquoi » m'a envahi pendant des années. J'étais totalement habité par la pensée de mon fils : je pensais sans arrêt à lui. C'était obsessionnel. Tous les souvenirs défilaient en boucle, à tel point qu'il m'était difficile de me concentrer sur mon travail. Il fallait que je comprenne.

Pourquoi ? Cette question, vous ne la connaissez que trop, n'est-ce pas ? Elle est là à chaque instant, brûlante, lancinante, destructrice, enserrant l'esprit dans sa poigne de fer, ne lui accordant aucun répit. Elle apparaît au décours de chaque pensée, surgissant avec force, exigeant un début de réponse, n'importe laquelle, quelque chose qui permettrait de donner un peu de sens à ce qui s'est passé.

Qu'y avait-il dans sa vie d'aussi insupportable ? Qu'est-ce que je n'ai pas vu qui aurait pu faire la différence ? Qu'est-ce qui a fait qu'il n'a pas pu se tourner vers moi, afin que je puisse l'aider ?

Pourquoi ne m'a-t-elle pas appelé pour que je l'aide ? Pourquoi en est-il arrivé là ? Pourquoi ? Pourquoi ?

On pressent qu'il n'y aura pas de paix tant qu'on n'aura pas trouvé de réponse à ces questions. Ce n'est pas seulement nécessaire, c'est tout simplement vital. On a l'impression que, si on arrive à avoir quelques éléments de réponse, on pourra faire taire en soi ce doute effroyable qui murmure insidieusement à l'oreille qu'on a peut-être sa part de responsabilité dans ce qui s'est passé. Ce doute n'est-il pas, en grande partie, ce qui nourrit en profondeur cette recherche du « pourquoi » ?

Personne ne semble y échapper. Chacun, à un niveau ou à un autre, s'y retrouve enchaîné, avec plus ou moins d'intensité. Si épuisante soit-elle, cette recherche a un sens et une fonction. Là encore, ce n'est pas une anomalie, quelque chose « qui ne devrait pas être » au cours du deuil. Elle fait partie intégrante du processus et elle en constitue un temps nécessaire dont on ne peut faire l'économie. Vous en avez sûrement déjà fait le constat : cette recherche prend très souvent le pas sur le vécu des émotions, comme s'il fallait d'abord tenter de donner une cohérence à l'absurde, avant d'aller plus loin et de pouvoir, dans un second temps, s'abandonner à une peine qu'on est parvenu à délimiter dans le champ du « compréhensible ». Cela n'est pas toujours aussi tranché, mais c'est un schéma qu'on retrouve souvent. Il y a en effet quelque chose de vertigineux à se laisser aller à ce qu'on ne parvient pas à comprendre ou à maîtriser. On a besoin de garde-fous pour ne pas s'égarer dans la douleur. Ainsi, les réponses qu'on essaie de se donner sont autant de points d'ancrage qui, on l'espère, permettront de se stabiliser. Ce temps de recherche explique pourquoi le deuil après suicide dure plus longtemps que les autres.

À la recherche de réponses

Dans la quête de clés qui permettraient de comprendre les raisons du suicide, aucune piste n'est négligée. On cherche partout, on frappe à toutes les portes, on explore la moindre possibilité.

Les lettres et les écrits de la personne disparue

> Ma fille a laissé une grande lettre de trois pages sur son bureau. J'ai retrouvé plus tard un brouillon de cette lettre et je me suis rendu compte combien elle avait été travaillée. Elle nous disait que si ce n'était pas arrivé ce jour-là, ce serait arrivé de toute façon un autre jour. Elle nous parlait de son mal-être, disait qu'elle n'arrivait pas à faire face, qu'elle n'était pas une battante et qu'elle avait tout essayé, mais que ça ne marchait pas.

> Notre fille a laissé un mot pour sa grand-mère ; mais il n'y avait rien pour nous : ni pour sa mère ni pour moi. Il n'y avait en fait rien de particulier dans ce

> mot : juste au revoir, qu'elle l'aimait... Aucune explication pour nous aider à comprendre.

Parfois, il n'y a rien du tout : aucun écrit, aucune trace pour reconstituer le cours des événements.

> On a cherché partout dans ses affaires et dans son appartement ! Ça nous paraissait impensable qu'elle ait pu se tuer sans nous laisser quelque chose. Mais il a fallu qu'on se rende à l'évidence : il n'y avait rien ; elle est partie sans même nous dire au revoir ! Comment a-t-elle pu nous faire ça ?!

Les documents qu'on retrouve à proximité de la personne décédée ou dans ses affaires deviennent, pour un temps, le point de focalisation des proches : telle mère s'attarde sur la date de la lettre, afin d'évaluer depuis quand l'idée du suicide hantait l'esprit de son enfant. Tel mari détaille le papier du mot que lui a laissé son épouse et scrute les changements d'écriture qui pourraient lui révéler son état intérieur au moment où elle l'a écrit. Tel frère découvre sur la feuille les larmes séchées de sa sœur et se demande si, finalement, ce texte lui apporte le réconfort qu'il espérait.

En effet, cet écrit n'est pas obligatoirement source d'apaisement. Le pire cas de figure, c'est quand y transparaît l'intention de faire mal : « Tout est ta faute », « Tu n'as jamais pris le temps de m'écouter », « Tu m'as conduit au suicide et je veux que tu portes cette responsabilité jusqu'à la fin de tes jours ». On peut difficilement y voir autre chose que le désir de noyer les proches dans la culpabilité. Paradoxalement, il arrive que la violence de ces mots soit telle qu'il est plus facile pour l'entourage de « gérer » cette culpabilité : il apparaît si clairement que la personne décédée était aveuglée par sa colère qu'il est plus aisé de prendre du recul par rapport à ses écrits ; on se dit qu'elle n'était pas maîtresse d'elle-même et qu'elle s'est trouvée happée par un mouvement émotionnel dont le contrôle lui a échappé. Conscients d'être attaqués de façon tellement illégitime, infondée ou arbitraire, certains proches (mais pas tous...) réussissent à prendre le recul nécessaire.

Le plus souvent néanmoins, l'intention est tout autre et c'est le désir de protéger les proches qui prévaut : « Ne vous reprochez pas ce que je vais faire », « Vous n'y êtes pour rien », « Cela n'a rien à voir avec vous ; vous ne pouviez rien faire pour moi », « Sachez que je vous aime mais que je ne peux pas continuer cette vie ». Ces phrases, souvent pleines de tendresse et de prévenance, invitent les proches à ne pas se sentir coupables. Malheureusement, on sait combien cet espoir est vain, tant l'étreinte de la culpabilité est puissante. Du point de vue de la personne suicidée, ces derniers écrits sont une façon de clore la relation, même si cela n'empêche pas son entourage de vivre à tout jamais avec un sentiment de brutal inachevé. Néanmoins, il y a en quelque sorte une fin ou, du moins, une prise en compte de ceux qui restent et le souci de les préserver un tant soit peu. « C'est déjà ça, soupire un père en évoquant le décès de son fils. Il aurait pu partir sans rien nous laisser. »

Les proches trouvent un relatif apaisement quand de graves problèmes de santé ou encore le grand âge sont clairement exposés comme étant à l'origine du suicide ; ils se voient offrir une raison « tangible » qui explique le passage à l'acte, cela mettant éventuellement un terme à la quête du pourquoi. Mais le résultat est plus incertain quand la personne parle d'une souffrance liée à un trouble mental comme la dépression ou la schizophrénie ou qu'un indicible mal de vivre transparaît à chaque mot. Même si la personne décédée affirme qu'on ne pouvait plus rien faire pour elle, chacun reste malgré tout convaincu qu'il aurait pu faire plus pour adoucir sa douleur et éviter le pire.

Jusqu'où aller ?

Finalement, quelles réponses apportent ces écrits ? Si on en croit les témoignages des proches, il faut être prudent. Cet ultime message n'est qu'un morceau du puzzle et pas nécessairement le plus significatif. Il appartient à un ensemble plus vaste où ne prévalent pas obligatoirement logique ou cohérence. En scrutant ces écrits pendant des mois, en les disséquant, en tentant de lire entre les lignes, on risque de leur accorder une valeur trop absolue ou définitive, en leur faisant dire ce qu'ils ne disent pas ou en attribuant aux mots un sens que la personne décédée n'avait peut-être pas l'intention de leur donner. Trop d'éléments nous échappent pour parvenir à une conclusion fiable : dans quelles conditions cette lettre a-t-elle été écrite ? Des semaines avant le suicide ? quelques minutes avant ? D'une façon lucide et raisonnée ou sous l'emprise de la colère ou de médicaments ? Ce n'est pas pareil... Cet écrit rend compte de l'état d'esprit de cette personne, au moment même où elle l'a écrit. C'est tout ce qu'on peut dire. Il n'y a qu'à s'observer soi-même : on est capable de changer d'humeur d'une heure à l'autre. Ce qu'on ressent le matin n'a peut-être rien à voir avec son état d'esprit du soir. Pourquoi en serait-il autrement pour une personne en train de passer à l'acte ? Un écrit ponctuel n'a pas la capacité de résumer tout le cheminement intérieur qui a mené au suicide, même si les conclusions que la personne suicidante tire sur sa situation semblent pertinentes.

Pour certains, les écrits apportent plus de questions qu'ils ne fournissent de réponses (qu'il s'agisse d'une seule lettre ou de longs écrits s'étalant sur plusieurs années). « Cette lettre a rendu le décès de ma fille encore plus mystérieux, explique cette mère. J'y ai découvert des choses que je n'avais même pas envisagées. Ça a profondément remis en question tout ce que je croyais connaître d'elle. » Telle personne révèle une vie de couple sordide alors qu'on croyait que tout allait bien, telle autre dévoile une homosexualité jamais révélée jusqu'alors et cette annonce laisse les parents sans voix, telle autre enfin revient sur le bien-fondé d'une décision importante qu'elle avait prise et que ses proches avaient soutenue avec enthousiasme, persuadés de lui faire plaisir. Ils découvrent aussi des problèmes que la personne disparue décrit comme « inextricables ». Elle n'en avait peut-être jamais parlé avant, alors que ces « problèmes » apparaissent à présent, aux yeux des proches effondrés, comme très relatifs et tout à fait surmontables. Pourquoi, dans ces conditions, avoir pris l'option du suicide ? Pourquoi, alors qu'il y avait d'autres solutions ? Autant de questions qui restent sans réponse.

Ainsi, de la bouche même de ceux qui y ont été confrontés, il est conseillé de ne pas trop attendre des derniers écrits de la personne disparue : ils apportent parfois quelques réponses, mais ce n'est pas nécessairement celles qu'on attend.

> Même si mon fils m'a écrit noir sur blanc les raisons de son choix, ça ne me suffit pas ; c'est inacceptable pour moi de me dire que je ne comprendrai jamais pourquoi il s'est donné la mort.

> J'ai lu et relu la lettre de mon mari pendant des semaines. J'ai décortiqué chaque mot, à la recherche

d'une explication. Je ne pensais qu'à ça, jusqu'au jour où j'ai compris qu'il fallait que j'arrête : je n'y trouverais rien de plus.

Interroger l'entourage

La quête du « pourquoi » passe aussi très souvent par la rencontre de toutes les personnes susceptibles d'apporter un nouvel éclairage sur les circonstances du suicide.

On a voulu rencontrer les amis de notre fille : grâce à eux, on a appris que la semaine précédant son suicide, elle a cherché à voir tous ses copains et copines ; elle a passé une soirée avec chacun d'entre eux. Une fille qu'elle connaissait peu est restée à parler avec elle pendant une heure sur le quai de la gare, alors qu'elles n'échangeaient que quelques mots habituellement. Elle est allée voir tout le monde et on m'a raconté qu'elle s'est toujours présentée sous son meilleur jour : elle paraissait en pleine forme, m'a-t-on dit ! À la maison, c'était tout le contraire : elle ne parlait presque plus.

On rencontre les amis, les collègues de travail, à la recherche d'informations dont ils seraient les seuls dépositaires : comment était-il depuis quelque temps ? Avez-vous remarqué s'il était différent ? A-t-elle dit quelque chose de particulier ce jour-là ? Est-ce qu'il vous parlait du suicide ? De nombreux parents, par exemple, m'ont raconté combien ils ont découvert des facettes méconnues de leur enfant grâce aux témoignages de ses amis. Incidemment, ils se sont également aperçus combien ces jeunes gens avaient eux-mêmes besoin de confier leur propre ressenti.

La recherche d'informations conduit aussi à consulter la mémoire du téléphone portable de la personne décédée, pour y relever les derniers appels et chercher à joindre ses derniers interlocuteurs. On regarde également les derniers e-mails ou, surtout pour les adolescents, les derniers écrits sur leurs « blogs », ces journaux intimes que chacun peut créer sur Internet.

Explorer tout ce qui concerne le suicide

Certains d'entre vous vont encore plus loin. Ils veulent comprendre la dynamique suicidaire : ils se documentent et étudient le suicide et ses causes, lisent la presse scientifique, participent à des congrès, assistent aux conférences, adhèrent à des associations. Certains proches deviennent de véritables experts sur la question du suicide et se trouvent à la pointe de tout ce qui est connu sur la dépression, les troubles bipolaires, la psychose.

Vous n'avez peut-être pas envie d'aller jusque-là, mais il faut savoir que cette démarche est un autre aspect spécifique – et complètement légitime – du deuil après le suicide. On a besoin de donner du sens à la tragédie qu'on vient de vivre et cette recherche d'informations factuelles peut faire du bien. Si on apprend, par exemple, que certains troubles mentaux ont une composante génétique, on peut admettre que la personne disparue souffrait d'une maladie et que celle-ci s'est révélée plus puissante que tout l'amour qu'on a pu lui donner. Cet amour n'est donc pas fondamentalement remis en question. On se retrouve, plus ou moins, dans la situation de proches ayant perdu un être cher d'un cancer : en dépit des soins prodigués et de l'affection qu'on a apportée, la maladie a pris le dessus. C'est par ce biais que certains proches parviennent à trouver un peu de distance par rapport à leur culpabilité.

La relecture du passé

La phase de recherche, c'est aussi la relecture du passé. Cela est vrai quel que soit le deuil, mais d'autant plus dans le deuil après un suicide. Ainsi, pendant un temps qui paraît infini, chaque détail du passé est ramené à la conscience : les dernières conversations, les dernières disputes, les derniers regards.

> J'ai passé des jours et des jours à me repasser le film des semaines qui ont précédé le décès de mon épouse. Je ne sais plus combien de fois j'ai fait le parcours de chez nous jusqu'à l'école où elle enseignait, combien de fois je suis rentré dans la maison, en essayant d'accomplir les mêmes gestes qu'elle

> avait pu faire ce jour-là. J'ai passé des heures à rester assis sur le rebord de la baignoire, en essayant de trouver l'état d'esprit dans lequel elle avait pu être, juste avant d'avaler ces médicaments.

Rien n'est laissé dans l'ombre ; on est à l'affût du moindre indice qui serait passé inaperçu et qui aurait pu faire la différence. Ce retour sur le passé révèle parfois ce qu'on n'avait pas compris comme étant les préparatifs du suicide et on se fait violemment le reproche de ne pas avoir « percuté » à ce moment-là. C'est ce que raconte cet homme après le suicide de son épouse :

> En rentrant du travail, j'ai trouvé un fauteuil au beau milieu du hall d'entrée. J'étais étonné qu'il se trouve là et j'ai interrogé ma femme. Elle m'a répondu que c'était pour atteindre les placards du haut, pour y chercher quelque chose. Ça m'a paru bizarre car nous étions en plein été et il n'y a que des affaires de ski rangées là-haut. Ce n'est qu'après son décès que j'ai compris : ce jour-là, elle avait évalué la longueur de la corde qu'elle allait utiliser pour se pendre dans la cage d'escalier.

Très souvent, au fil de cet examen minutieux du passé, ce qui n'était pas perceptible à l'époque apparaît soudain comme « évident » ; tout s'assemble et devient cohérent.

Ça va vous paraître étrange, mais une partie de moi-même n'a pas été étonnée quand j'ai appris le suicide de mon ami. J'avais cette intuition que ça finirait comme ça. Mais c'est seulement maintenant que je perçois plus clairement les indices qui me faisaient penser ça. À l'époque, je les voyais bien mais je n'arrivais pas à les mettre ensemble pour me convaincre qu'il était en danger. Avec le recul, c'était pourtant évident. C'était en partie présent dans mon esprit et en même temps totalement inenvisageable. En tout cas, je n'ai rien fait.

Peu de temps avant sa mort, il m'a dit : « Maman, ça ne va pas. Je sens que je vais faire une bêtise. » J'ai toujours su qu'il le ferait un jour ; c'était pour moi la chronique d'une mort annoncée et je savais que je ne pouvais rien y faire ! Quand l'hôpital m'a appelée pour m'annoncer son décès, j'ai aussitôt pensé : « Ça y est, il l'a fait. » Je crois que je n'étais même pas étonnée.

Mais tous ne parviennent pas à ce même constat, loin de là. Beaucoup ont beau chercher, ils ne trouvent rien, strictement rien.

Il était calme. Il a toujours été calme ; c'était sa nature depuis qu'il était petit et, le matin de son suicide, il était pareil à lui-même. Rien de plus, rien de moins... C'est incroyable de se dire qu'une telle chose soit possible. Même en cherchant dans tous les sens, je ne retrouve rien qui aurait pu me mettre la puce à l'oreille.

La menace suicidaire dans le passé

L'exploration du passé ramène immanquablement des souvenirs spécifiques, en lien direct avec le suicide. C'est le cas des tentatives de suicide d'autrefois et ces souvenirs deviennent d'autant plus douloureux qu'ils sont compris aujourd'hui comme les prémices du drame à venir.

> Mon compagnon avait déjà essayé de se tuer à deux reprises. Quand il a finalement réussi, je n'ai pas été vraiment surprise car j'étais depuis des années sur le qui-vive ; je m'attendais au pire à chaque instant. Le matin de son suicide, il m'a dit cette phrase : « Je vais partir pendant que tu n'es pas là ; ce sera moins triste. » Sur le coup, j'ai cru qu'il voulait dire qu'il allait partir de la maison parce qu'il ne se sentait pas bien, mais il y avait quelque chose d'ambigu dans ce qu'il me disait et je me souviens de lui avoir répondu : « Tu ne fais pas de conneries, hein ? Tu ne nous mets pas dans la merde, quand même… ? » À mon retour, je l'ai retrouvé mort dans le garage.

Combien de fois le suicide n'est-il pas l'aboutissement d'années et d'années de souffrance au sein de la famille ? On ne compte plus les hospitalisations, les visites chez les psys, les moments de crise. Il a fallu trouver l'énergie d'accompagner du mieux possible la dépression, la schizophrénie, l'alcoolisme, la dépendance à tous types de drogues. La famille elle-même peut voir son équilibre menacé par les difficultés de la personne malade ou par les conséquences de son comportement. Le stress de vivre auprès de quelqu'un d'ouvertement suicidaire pendant des mois ou des années « use » physiquement et psychologiquement.

> Je ne pouvais plus sortir tranquille de la maison. Dès que je rentrais, j'étais angoissée à l'idée qu'il ait pu à nouveau essayer de se tuer. Il l'avait déjà fait à trois reprises et, chaque fois, c'était grave. Ça me rendait folle. Je l'ai même supplié un jour d'arrêter de rendre la vie de notre famille aussi insupportable. Je n'en pouvais plus. J'étais réduite à l'impuissance parce que je savais que j'avais tout essayé pour lui venir en aide et que, malgré tout, un jour, il arriverait à se suicider.

> La dépression de mon époux était tellement puissante qu'elle a failli m'engloutir. Je me démenais pour l'aider, mais rien ne marchait. J'ai commencé à déprimer, je me sentais fatiguée et inutile. J'étais coupable de le voir aussi mal et ça me bouffait la vie. Je lui en voulais de détruire ainsi notre couple... et je m'en voulais de lui en vouloir !

> Au début, j'ai fait des efforts énormes pour aider mon épouse à se soigner de son alcoolisme ; puis je me suis rendu compte que je ne pouvais qu'essayer de la protéger d'elle-même. Je tentais continuellement de compenser les conséquences de ses défaillances financières et sociales. Je ne pouvais plus rien attendre d'elle. Elle n'était absolument pas

fiable : je n'acceptais plus aucune invitation car c'était impossible de dire si le soir même elle ne serait pas complètement ivre. Elle a fait tellement de tentatives de suicide dans les quatre années avant sa mort que j'ai renoncé à les compter.

Quand je l'ai quittée, c'était ma propre survie qui était en jeu. J'étais au bout de mes ressources. Vous savez, quand quelqu'un vous prend tellement la tête, vous arrivez à ne plus prêter attention à sa souffrance. Soit j'acceptais de couler avec elle et elle m'entraînait vers le fond, soit je la quittais pour me sauver moi-même. J'étais arrivé à un point où j'étais persuadé qu'elle parviendrait un jour à se tuer ; mais je ne pensais pas qu'elle utiliserait une méthode aussi radicale et violente (la défenestration). Était-ce là une « vraie » tentative avec un authentique désir de mourir ? Est-ce que les autres étaient davantage des appels au secours ? Je ne sais pas... Il n'y a pas de jour où je n'y pense pas. En fait, c'est presque tous les jours. La souffrance est là au quotidien et il n'y a pas grand-chose à en dire.

À la lumière de ces témoignages, faut-il s'étonner que, parfois, au décours d'une pensée, s'élève en soi un étrange et inconfortable sentiment de... soulagement ? Dès le mot prononcé, on s'en sent coupable car il paraît inconcevable d'éprouver un quelconque soulagement face à la mort de quelqu'un qu'on aime ! Et pourtant...

> Les premiers jours qui ont suivi le suicide de mon fils, je dois avouer que j'étais soulagée ! Pendant toutes ces années, je me sentais tellement impuissante à le voir couler. Je n'arrivais pas à lui maintenir la tête hors de l'eau ; je ne savais plus quoi faire et il ne voulait pas se faire aider. Ce soulagement est bien resté en moi pendant environ un ou deux mois.

De fait, le suicide peut être le point culminant (et le point d'arrêt) d'une escalade d'événements éprouvants pour l'entourage. Il signe la fin du mal-être de la personne disparue, mais il signifie également la fin de la toxicomanie et de la souffrance collective qu'elle génère, la fin des conflits, des chantages, des querelles amères et stériles..., la fin de l'angoisse du lendemain quand on ne savait pas, le matin, si une nouvelle catastrophe ou une nouvelle tentative de suicide n'allait pas survenir le soir même. Les comportements de la personne disparue mettaient parfois les proches dans de telles situations inextricables, tant au niveau social ou professionnel qu'au niveau juridique ou financier, que, oui, en dépit de la souffrance du suicide, il est compréhensible qu'un réel soulagement s'installe après le passage à l'acte. C'est ce qu'a ressenti cette mère après le suicide de son fils qui avait été précédé par un nombre hallucinant de tentatives : « Ça y est. C'est fait... Enfin. » Une autre mère avoue également son soulagement lié au fait que son fils ne mettrait plus autrui en danger par ses comportements à risque, comme sa conduite automobile, à tombeau ouvert, sous l'emprise de l'alcool. La vie peut désormais redevenir « normale » à la maison ; du jour au lendemain, chacun se trouve libéré du stress d'essayer d'apaiser, de soutenir, de soigner quelqu'un qui traînait son mal-être. On comprend dès lors combien peut être forte la culpabilité des proches à renouer avec une harmonie familiale après le suicide d'un des leurs. Il faut bien comprendre qu'on n'est pas soulagé d'être débarrassé de cette personne en tant qu'individu, on est soulagé de ne plus être happé par le tourbillon destructeur qui l'emportait elle-même et qui a finalement eu raison de son existence. Conscient de cela, on peut plus facilement s'autoriser le soulagement, sans avoir l'impression de trahir sa mémoire.

Des pistes pour comprendre

Explorer les fondements de l'acte suicidaire n'est pas l'objet de cet ouvrage. Il en existe d'excellents et je vous y renvoie si vous souhaitez approfondir le sujet. Néanmoins, parvenu à ce point de notre parcours (et même si cette réflexion partielle va nécessairement être frustrante), il peut être utile d'en aborder les grandes lignes.

Un profil particulier de personnes ?

Ma fille avait une nature dépressive. Déjà, enfant, elle errait dans la cour de l'école ; elle ne savait pas ce qu'elle faisait là. Je la voyais grandir au fil des années et j'éprouvais une sorte de malaise car je sentais que quelque chose n'allait pas, sans pouvoir définir quoi. Plus âgée, c'était une adolescente très particulière, très compliquée, intellectualisant tout ; elle se disait souvent abandonnée de tous, alors que nous faisions notre possible pour maintenir le lien avec elle.

Je sais bien que c'est le discours d'une mère, mais mon fils était vraiment un « pur » ; il était brillant et intelligent, tout semblait lui réussir... Seulement, il était incapable d'entrer dans la vie ; il sentait trop de pression autour de lui. Il était double : d'un côté, il était très gai et sociable, et de l'autre, il était profondément en souffrance. Il cachait tout.

C'était une petite fille discrète et effacée et on ne s'est pas aperçu qu'elle avait des problèmes depuis l'adolescence. Elle avait l'impression de ne pas avoir sa place dans ce monde ; elle avait des difficultés à trouver sa voie au niveau des études. Elle avait pourtant un petit groupe d'amis, mais seulement deux ou trois étaient au courant qu'elle était vraiment mal. En fait, c'était souvent elle qui remontait le moral des autres !

En dépit des nombreuses recherches sur le sujet, il persiste un flou relatif sur l'existence d'un profil spécifique chez les personnes suicidaires/suicidées. Elles ne constituent pas un groupe homogène. Il est vrai qu'en examinant le parcours de vie de ces personnes, on retrouve certains traits de caractère, comme une difficulté à faire face ou à s'ajuster au changement, un regard très critique sur soi-même couplé à une faible estime de soi ou encore une composante de perfectionnisme, avec un niveau d'exigence vis-à-vis de soi-même particulièrement élevé. Mais est-ce que cela suffit à conduire au suicide ? On sait également que le suicide peut survenir dans un contexte de perte. Qu'il s'agisse de la perte d'un être cher (par décès ou par rupture) ou celle, plus symbolique, d'un travail ou d'un statut particulier (chômage, maladie, faillite financière...), la perte, au sens large, est manifestement un facteur participant au mouvement suicidaire, mais toute personne exposée à un tel stress ne passe pas nécessairement à l'acte. D'autres éléments entrent manifestement en compte.

Le suicide n'est pas un acte isolé. Il ne peut pas être compris « en soi », en faisant abstraction du contexte familial, professionnel, social, culturel... dans lequel il prend place. Il est la résultante d'un processus dont les racines se perdent dans l'extrême complexité de l'esprit humain. En apparence, tous les cas de figure sont possibles : de l'acte lentement mûri pendant des mois jusqu'au passage à l'acte impulsif, à la suite d'une violente dispute par exemple. Néanmoins, il semble exister des forces souterraines communes entrant dans la genèse de la dynamique suicidaire, même si le suicide paraît soudain et impulsif. D'ailleurs, ces passages à l'acte impulsifs ne sont-ils pas eux-mêmes que la partie visible de l'iceberg ? Ils prennent, aux yeux d'autrui, l'apparence d'un coup de tonnerre dans un ciel serein, alors que la tempête couvait peut-être depuis déjà longtemps, à un niveau inconscient. C'est cette piste que je vous propose d'explorer maintenant.

La spirale suicidaire

Je voyais ce qui se passait et j'étais pourtant impuissant à faire quoi que ce soit. C'est horrible de voir quelqu'un qu'on aime se décomposer sous ses yeux. On avait tout essayé : les psys, les médicaments, les hospitalisations, tout ! Rien ne marchait. Il restait des heures assis à la table du salon ; c'était comme s'il n'y avait plus que son corps et que lui était déjà ailleurs depuis longtemps.

Je n'oublierai jamais le regard que ma fille m'a adressé quand je lui ai demandé comment elle allait : il était vide. Il n'y avait plus personne. Elle était encore vivante mais sa vie s'était déjà arrêtée, avant même qu'elle se pende.

Je crois qu'à un moment, elle a complètement décroché. Quelque chose s'est cassé. Quand je la sortais au restaurant ou au ciné, elle paraissait pourtant contente. Elle me disait qu'elle avait de la chance de m'avoir

> mais, en même temps, je ne la sentais pas avec moi ; ça sonnait tellement faux. Je n'osais pas lui en parler, parce que j'avais peut-être peur qu'elle me dise ce que je redoutais d'entendre.

Les recherches sur le suicide (notamment celles du sociologue Émile Durkheim) parlent de ce qu'on appelle le « syndrome de désengagement » pour tenter de décrire l'état d'esprit des personnes suicidaires en train d'élaborer leur geste. Il est important de rappeler que ce modèle n'englobe pas la totalité des personnes qui ont l'intention de se tuer ; ce n'est qu'une proposition pour tenter de comprendre le vécu de la personne suicidaire. Il reste néanmoins pertinent dans de très nombreux cas de figure. Beaucoup de proches d'ailleurs le reconnaissent, quand on le leur décrit, a posteriori.

Le terme « désengagement » traduit bien ce qui se passe : la personne est en souffrance pour une raison ou pour une autre. Elle essaie de trouver des réponses à son mal-être, tant à l'intérieur qu'à l'extérieur d'elle-même. Ce n'est pas l'idée de mort qui prédomine, mais plutôt celle de l'arrêt de la souffrance, quels que soient les moyens à mettre en œuvre pour y parvenir. Quand elle ne trouve pas les réponses escomptées à l'extérieur, elle tente de trouver refuge à l'intérieur d'elle-même, son environnement lui semblant de moins en moins apte à répondre à son mal-être. Ainsi, progressivement, et très souvent même à son insu, elle se retire de toute interaction avec autrui. Elle semble toujours être en lien avec l'extérieur, mais c'est un lien de surface. Elle trouve de plus en plus de réconfort dans l'idée que mettre un terme à sa vie pourrait être la meilleure façon d'abréger sa souffrance. Au début, il semble que ce repli soit relativement conscient et volontaire et que l'option du suicide ne soit qu'une modalité parmi d'autres pour arrêter de souffrir. La personne « teste » mentalement ces différentes options et ce processus mental agit comme une sorte de protection psychique visant à prendre de la distance par rapport à un environnement avec lequel elle se sent de moins en moins en phase. Puis, avec le temps, ce qui était initialement volontaire devient automatique : sans s'en rendre compte, l'« habitude » de penser au suicide s'installe ; le nombre des options se réduit et le suicide apparaît de plus en plus valide et « raisonnable » ; l'idée en devient de plus en plus familière. La personne s'enferme alors insidieusement dans la conviction que rien, hormis le suicide, n'est capable d'apporter le moindre apaisement... Les idées suicidaires avec lesquelles elle « flirtait » deviennent de plus en plus prégnantes. Elles acquièrent, avec le temps, texture et réalité. Elles deviennent envisageables, et même logiques ou évidentes comme moyen ultime d'apaiser la souffrance. Il y a du réconfort à s'y plonger, encore et encore, et les promesses du suicide semblent plus attractives au regard d'une vie qui perd progressivement son sens.

Arrivée à ce point, la personne suicidaire redoute qu'autrui fasse obstacle à son projet. Elle décide alors de ne plus, ou de ne pas, en parler, de peur qu'autrui tente de l'en détourner. Après tout, elle a l'impression d'avoir tout essayé pour aller mieux, et rien n'a marché. Pourquoi continuer à espérer que les choses changent, quand tout n'a été qu'échec ? Pourquoi se refuser à la solution du suicide ? Mais il ne faut rien dire à l'entourage. Il ne faut rien montrer ; non pas par défiance – on voit bien qu'ils font tout ce qu'ils peuvent – mais gouverné par la conviction qu'ils sont impuissants à apaiser le mal de vivre. C'est désormais à soi de prendre la situation en main.

Et c'est là qu'un certain soulagement s'installe. En effet, il semble que le fait de prendre – enfin – la décision de se suicider apporte un énorme soulagement à cette personne qui cherche depuis si longtemps une voie d'issue. Ça y est ! La décision est prise, il n'y a plus à lutter et la vie paraît soudain plus douce, plus paisible. La personne vit dans l'anticipation d'un mieux-être à venir, après des mois ou des années d'errance et de confusion. Elle a enfin la clé et elle ne va laisser à personne, même pas à ceux qu'elle aime, la possibilité de la lui dérober. Alors, extérieurement, tout semble aller mieux : elle paraît plus calme ; plus rien n'a vraiment d'importance désormais et elle aborde les choses avec détachement et sérénité, même si c'est la sérénité du désespoir.

Il s'est levé comme tous les matins. Il était calme, beaucoup plus calme en fait que les semaines précédentes. J'étais contente car je me suis dit que l'orage était passé et qu'il allait aller mieux. Il est parti au marché, nous a acheté les meilleurs produits et a préparé le déjeuner. Puis il est monté dans sa chambre et s'est tiré une balle dans la tête.

Il avait tout préparé depuis longtemps : tous les documents étaient datés du 19 décembre (j'ai vérifié sur son ordinateur) et il est mort le 27. Il avait donc son projet bien en tête quand nous avons passé ensemble les vacances de Noël. Et vous savez quoi ? C'était tout simplement merveilleux, vraiment magique ! Il était tout joyeux le jour de Noël ! C'est à n'y rien comprendre. C'est peut-être parce que sa décision était prise et qu'il n'avait plus de souci à se faire ; c'est peut-être pour ça qu'il semblait si heureux et détendu.

Sachant qu'elle va bientôt passer à l'acte, la personne suicidaire coupe tous les ponts et les seuls actes significatifs sont ceux des préparatifs de son départ. Plus rien d'autre ne compte.

Le copain de notre fils est venu lui rendre visite, le week-end avant son suicide. On a appris plus tard qu'il a fait tout le tour de ses amis, comme pour leur dire au revoir. Mais rien dans son comportement ne montrait quelque chose de particulier ; il était égal à lui-même, pas spécialement grave ou angoissé, juste « normal ». Et le lundi matin, il s'est pendu en laissant une lettre à ses parents. Quinze jours avant, ils avaient eu une discussion au lycée sur les façons les plus « efficaces » pour se tuer ; ils avaient bien rigolé ; chacun y allait de son idée. Rien ne laissait penser que c'était du sérieux pour lui.

On devait dîner ensemble dans la soirée. Je venais juste de l'avoir au téléphone pour lui donner rendez-vous dans un petit resto de son quartier. Elle semblait un peu fatiguée ; elle m'a dit qu'elle avait quelque chose à me dire et qu'on en parlerait tranquillement en dînant. Ça ne s'est jamais passé car elle s'est défenestrée une demi-heure avant notre rencontre.

Ce qui m'a stupéfié, c'est que ma fille avait tout soigneusement planifié : ce soir-là, elle a pris un bain, elle s'est même épilée ! La semaine précédant son suicide, elle a cherché à voir tous ses copains et copines ; elle a passé une soirée avec chacun d'entre eux. À la maison, elle ne parlait presque plus. Cela faisait un an qu'on la connaissait ainsi, de telle sorte que, ce soir-là, il n'y avait rien de particulier qui aurait pu retenir notre attention.

Oui... mais, en dépit de la pertinence de ces descriptifs du processus suicidaire, il manque toujours quelque chose et ce constat est frustrant. Ce « quelque chose », c'est l'absence de réponses définitives. La vérité est que seule la personne qui s'est suicidée serait en mesure de dire pourquoi elle a fait ce geste. Incidemment, ce qu'il y a aussi de troublant dans le suicide d'un proche, c'est que cette personne qu'on pensait tant connaître rend manifeste, au grand jour, un mal-être qui reste une énigme, pour tous et pour toujours. Elle affirme puissamment quelque chose qui demeure à tout jamais inaccessible à son entourage, l'abandonnant à la tâche impossible de devoir interpréter le sens de son acte. Elle seule savait ce qui se tramait dans les méandres de son esprit ; elle seule pourrait expliquer pourquoi, deux heures avant de se tuer, elle s'est rendue dans une agence de voyages pour réserver un week-end à Amsterdam ; elle seule pourrait dire ce qui a été la goutte d'eau qui a fait déborder le vase, à la fin de son séjour en hôpital psychiatrique.

À l'interrogation s'ajoute parfois le doute. Il y a en effet des situations peu claires où les proches se demandent si, finalement, la personne suicidée souhaitait vraiment passer à l'acte. Une mère raconte, par exemple, combien elle reste, depuis des années, perplexe sur la véritable intention de sa fille de se suicider : avait-elle vraiment conscience qu'elle se mettait en danger en prenant ces médicaments ? Est-ce que son geste n'est pas allé au-delà de ce qu'elle avait initialement prévu ? Est-ce qu'elle espérait être découverte à temps, afin d'alarmer autrui sur l'intensité de sa souffrance, mais sans qu'il y ait eu un authentique désir de mort ?

Seule la personne décédée détient ce secret. Et cela même, est-ce certain ? Cette personne serait-elle vraiment à même de dire ce qui l'a conduite à se suicider ? Il est vrai que, pour certains, la réponse paraît évidente, mais pour d'autres, rien n'est moins sûr... On peut affirmer cela sur la base de ceux qui ont frôlé la mort, en tentant eux-mêmes de se suicider. Ils sont passés par là et ils seraient donc a priori à même d'apporter un éclairage pertinent sur ce qui mène au suicide. Entendons pourtant cet homme qui a survécu à une grave tentative de suicide :

> Tous les soirs, je rentrais à la maison, épuisé d'avoir fait « bonne figure » pour ne pas montrer ma douleur à mon travail. Pendant des semaines, j'ai hurlé de détresse dans mon salon, jusqu'au jour où s'est imposée en moi l'idée du suicide. C'est venu subitement, alors que ça ne m'était jamais venu à l'esprit auparavant. En un instant, j'ai pris tous les médicaments que mon psy m'avait prescrits, sans réfléchir à ce que j'étais en train de faire. Je ne voulais pas mourir, je voulais simplement arrêter de souffrir... Quand je suis sorti de réanimation quelques jours plus tard, je souffrais autant, mais jamais plus l'idée du suicide ne s'est imposée à nouveau à moi. On m'a souvent demandé d'expliquer ce qui s'était passé dans ma tête au moment où je prenais les médicaments, mais je dois reconnaître que je ne le sais pas moi-même.

On retrouve dans ce témoignage ce qui revient toujours dans les propos des personnes suicidaires : l'acte n'a pas pour finalité la mort – même s'il y conduit – mais le soulagement de la souffrance morale. Se tuer, c'est d'abord rechercher la paix. Le fait que le suicide plonge les proches dans une douleur indicible n'est pas nécessairement présent à l'esprit de celui qui se tue à ce moment-là. La souffrance d'autrui n'est pas la priorité : on est obnubilé par la sienne propre.

> J'ai été moi-même très suicidaire, c'est pour cela que je peux vous dire que la cause, on ne la connaît pas vraiment ! Il suffit de tellement peu pour basculer d'un côté ou d'un autre. Lors de ma dernière tentative de suicide, je ne savais même pas ce qui se passait en moi. Je ne sais pas ce qui m'a empêchée d'aller jusqu'au bout. Ça tient à rien, vous savez : une parole, une situation particulière. Je ne sais pas comment je suis là à vous parler ; c'est terrible à dire, mais le fait que je sois vivante aujourd'hui avec vous est un concours de circonstances.

Quand la personne suicidaire a atteint le point de non-retour où sa décision est définitivement prise, il semble que le moindre incident, la moindre frustration soit vécue comme une preuve supplémentaire que la vie ne vaut plus la peine d'être vécue. Cette ultime « preuve » peut être aussi dérisoire qu'un café qu'on renverse sur sa chemise ou qu'une altercation avec un automobiliste agressif.

L'impossible réponse

On cherche ainsi pendant des mois, pendant des années... On cherche partout, encore et toujours, avec, en soi, une vague inquiétude quant à la durée de cette recherche de réponses qui monopolise, à son cœur défendant, tant d'énergie psychique. On sent bien qu'on s'y épuise, mais c'est plus fort que soi. Et pourtant, au dire de ceux qui ont connu l'emprise de ce besoin impérieux, celui-ci, un jour, parvient à s'apaiser.

> J'ai compris – très tardivement – qu'il était vain pour moi d'espérer trouver une réponse satisfaisante à cette question du « pourquoi » de la mort de mon fils. Ma femme et moi sommes restés « scotchés » dessus pendant si longtemps. Moi, en tout cas, j'y laissais ma peau.

Il semble que cette décision de suspendre toute nouvelle recherche s'impose progressivement d'elle-même. Avec le temps, ce renoncement devient finalement possible, tolérable, acceptable, et il n'a pas nécessairement un parfum d'échec. On comprend que renoncer ne signifie ni trahir ni abandonner et que « garder le lien » avec la personne disparue ne passera pas obligatoirement par l'obtention d'une quelconque réponse. On s'aperçoit qu'il est vain d'essayer d'avancer en force et que, finalement, « restaurer et pacifier le lien » sera l'issue naturelle du processus de deuil et que la volonté n'a pas grand-chose à y voir. D'où l'importance de tout mettre en œuvre pour faire le moins obstacle possible à son déroulement harmonieux. On sait en effet que c'est par lui seul qu'émergera un authentique apaisement.

> Mon compagnon souffrait tellement qu'il n'y avait sûrement pour lui que cette solution. Il portait en lui une telle souffrance qui remontait à très loin dans son histoire. Des choses que je ne connaîtrai jamais et je commence seulement maintenant à l'accepter. J'arrive à croire maintenant que son mal-être ne venait pas de moi, même si parfois je me reproche de ne pas avoir su l'aider suffisamment.

Mais qu'on ne s'y trompe pas : la recherche du « pourquoi » ne s'achèvera jamais totalement. Même si elle se fait moins pressante au fil du temps, elle reste néanmoins toujours présente, tapie à l'orée de la conscience. Pourquoi en est-il ainsi ? Peut-être parce qu'une dynamique psychique extrêmement puissante contribue à sa pérennité, une dynamique qui est au cœur de la souffrance du deuil après suicide : la culpabilité.

4

LE GOUFFRE DE LA CULPABILITÉ

> Cinq ans après le décès de ma fille, je suis toujours rongé par la culpabilité. J'estime que je suis responsable de sa mort. Elle était si fragile. Je n'ai rien su empêcher, je n'ai rien compris ; j'ai probablement envenimé les choses.

« Responsable », le mot est lâché. Aussitôt un autre s'impose, tout aussi violent : « coupable ». La quête du « pourquoi » et la culpabilité occupent en effet le même territoire : qu'est-ce que je n'ai pas fait ? Qu'est-ce que je n'ai pas compris ? Qu'est-ce que je n'ai pas vu ? Comment n'ai-je pas senti son mal de vivre ? Est-ce que j'ai fait assez pour elle ? Est-ce que je l'ai assez aimé ? Et si j'avais su... Et si seulement... Certains ont la chance d'échapper à son emprise, mais ils font figure d'exception ; pour la plupart des proches en deuil après suicide, la culpabilité constitue l'axe majeur autour duquel s'articule la douleur. Elle se fonde sur l'indéracinable présupposé que le suicide pouvait être prévenu et qu'on n'a rien fait – ou pas assez – pour l'empêcher de survenir. La racine du mot « culpabilité » étant *culpa*, la « faute » en latin, voilà donc la « faute » dont on s'accuse : ne pas avoir pu, ou su, prévenir le suicide. Elle affirme qu'à un moment donné, on n'a pas eu la bonne attitude, qu'on n'a pas pris les bonnes décisions, qu'on n'a pas prononcé les bonnes paroles. Elle se fonde également sur la douloureuse conscience de ne pas pouvoir retourner en arrière, afin de réécrire l'histoire.

Réécrire l'histoire ? Mais laquelle ? Dans son ouvrage *A Special Scar*[1], Alison Wertheimer rapporte les récits de deux mères dont les filles se sont suicidées. La première se reproche de ne pas avoir hospitalisé sa fille souffrant de troubles dépressifs graves et elle attribue le suicide à son manque de vigilance vis-à-vis de la souffrance de son enfant. La seconde mère se condamne violemment d'avoir, pour les mêmes troubles psychiques que la jeune fille précédente, fait hospitaliser sa fille, qui s'est suicidée lors de cette hospitalisation. L'une se reproche une hospitalisation, l'autre l'absence d'hospitalisation, et chacune se répète : « Si j'avais su, j'aurais agi autrement et ma fille serait toujours vivante. » À la lumière de cet exemple, Alison Wertheimer conclut que, quelle

1. Routledge, 1991.

que soit la voie qu'on se reproche de ne pas avoir suivie, il existe quelqu'un d'autre, dans la même situation, pour se reprocher exactement l'opposé. « Si j'avais su » n'offre aucune certitude quant à l'absence de passage à l'acte suicidaire, en effet, d'autres ont essayé les solutions que l'on se reproche aujourd'hui de ne pas avoir tentées. Et pourtant, eux aussi ont échoué à retenir cette personne à la vie et ils se font le reproche de ne pas avoir agi autrement.

Alors a-t-on eu raison d'hospitaliser son enfant ou son compagnon ? Ou a-t-on eu raison de ne pas le faire ? Son suicide aurait-il été prévenu ou simplement différé d'un jour, d'un mois, d'un an ? On ne sait pas. On ne saura jamais. Il n'y a plus aucun moyen de savoir si un nouveau traitement, une nouvelle thérapie, un changement de lycée ou d'environnement, une autre discussion aurait pu faire la différence entre la vie et la mort.

Les multiples visages de la culpabilité

La culpabilité se nourrit de tout bois ; elle surgit parfois là où on ne l'attend pas. Elle se niche dans le moindre événement du passé qu'on interprète, à tort ou à raison, comme une « faute » ou une défaillance personnelle. Quoi qu'il en soit, la condamnation de soi en est le thème principal, que celle-ci soit très explicite ou qu'elle s'exprime beaucoup plus insidieusement. Il est donc utile de chercher à identifier de quelle façon on se condamne soi-même ; cela permet de mettre au jour là où ça fait mal et là où on se fait mal. Nous verrons en effet combien les différentes façons de formuler sa culpabilité ont une incidence sur le type de « punitions » qu'on s'inflige à soi-même. Soyez donc attentif à ce qui va résonner le plus en vous.

« Je n'ai pas su l'aider »

La culpabilité après le décès s'inscrit parfois dans une continuité, dans le sens où elle préexistait au suicide : la personne exprimait depuis longtemps son mal-être et cela créait chez ses proches un climat d'angoisse et d'impuissance à ne pouvoir l'aider. C'est sur cette base que s'appuie et se prolonge la culpabilité, après le décès, la « faute » étant là de ne pas avoir su apporter du réconfort à la personne en détresse, quand elle était encore vivante. C'est l'accusation principale que s'adressent les proches pendant des années.

Le sentiment de culpabilité augmente si, par le passé, la personne suicidaire avait explicitement formulé des reproches sur l'incapacité de ses proches à la sortir de sa détresse. Il leur devient difficile, après le décès, de se dire que la personne disparue a eu conscience de tout ce qu'ils avaient tenté de faire pour elle : le « pas assez » qu'elle leur a adressé résonne encore à leurs oreilles et il leur faut beaucoup de temps pour cesser de considérer ce « pas assez » comme une vérité ultime, et le comprendre comme une perception subjective de la personne suicidaire qui, noyée dans son propre tourment, n'était peut-être plus en mesure de voir ce qu'on faisait pour elle. Ce n'est qu'une fois dépassé ce stade qu'ils reconnaissent qu'ils ont véritablement et largement fait « assez » pour elle et que la demande de la personne décédée était bien au-delà de ce qu'ils pouvaient humainement accomplir.

Puisque nous abordons ici le territoire des reproches, il en est qui ont une tout autre portée. En effet, il est difficile d'admettre, après le suicide, que la personne disparue ait pu délibérément jouer sur le levier de la peur et de la culpabilisation, en prenant ses proches en otages par le biais de la menace suicidaire. De fait, celle-ci a pu prendre des allures de chantage affectif : « Si tu me quittes, je me tue », « Si je perds la garde des enfants à cause de toi, je me suicide ». Si on met de côté l'idée que ce comportement visait à prendre le contrôle émotionnel de la relation et si on suppose, à l'inverse, que sa véritable intention était de manifester une grande détresse intérieure, on ne peut que constater l'échec d'une telle stratégie d'intimidation. Elle n'a fait qu'affoler et paralyser l'entourage. La communication s'en est trouvée bloquée, rendant impossible la mise en œuvre de l'aide dont cette personne affirmait avoir tant besoin. Si finalement elle se suicide, les proches sont remplis d'ambivalence et de confusion : elle ne laisse derrière elle qu'un lourd héritage de colère et d'impuissance.

« Je n'ai pas su la protéger »

Le suicide met crûment à jour la fragilité de la personne disparue et certains proches ne cessent de se reprocher de n'avoir pas su la protéger des agressions de son environnement. « Nous aurions dû la protéger de la violence de nos disputes conjugales », « J'aurais dû la soustraire au harcèlement moral de son patron », « J'aurais dû empêcher qu'elle voie ce psychiatre qui lui faisait plus de mal que de bien ». Les parents sont tout particulièrement vulnérables à ce type d'accusations. Ils se sentent fondamentalement en contradiction avec leur rôle de parents qui les engage à assurer la protection de leur enfant, envers et contre tout.

« Je n'ai pas été à la hauteur »

> Pendant très longtemps, mes beaux-parents se sont torturés à se demander ce qu'ils avaient fait – ou pas fait – pour que leur fils en arrive là. Ce qui est étonnant, c'est que ma belle-mère continue à dire, après cinq ans : « Qu'est-ce que j'ai fait pour que mon fils nous abandonne ? », alors qu'elle-même a déjà fait trois tentatives de suicide !

La culpabilité prend une autre dimension quand elle remet en question l'ensemble de la relation avec la personne décédée. Ce ressenti est particulièrement présent chez les parents dont l'enfant s'est suicidé. Leur rôle et leur identité de parents se retrouvent brutalement remis en question : tel parent revisite, de façon très critique, l'éducation qu'il a donnée à son enfant ; il interroge la pertinence de ses décisions, doutant maintenant de leur bien-fondé. Au sein du couple, on se reproche d'avoir imposé à son épouse des absences prolongées, du fait d'une trop grande pression professionnelle. On revient sur les vieux conflits, les ruptures de dialogue, les refus de comprendre, de pardonner, d'accepter. On s'en veut de ne pas avoir été plus patient, plus tolérant, plus attentif.

« Je n'ai rien vu de sa souffrance »

Il y a là une double interrogation : cette souffrance était-elle perceptible et, si c'est le cas, m'était-il possible de la percevoir ?

En effet, la réalité nous est parfois tellement effrayante que nous mettons inconsciemment en place des mécanismes psychiques visant à nous protéger, en « annulant » complètement les éléments du réel qui nous font peur : le déni fait partie de ces mécanismes. Et qu'y a-t-il de plus effrayant que la détresse d'un proche hautement suicidaire ? On se retrouve face à quelqu'un qu'on aime envoyant, sans les nommer vraiment, des signaux (comportementaux ou verbaux) quant à son intention de mettre fin à ses jours. C'est parfois tellement « énorme », tellement au-delà de tout ce qu'on peut concevoir qu'on ne voit pas, qu'on ne peut pas voir ce qui se passe. C'est bien plus qu'un refus de voir, c'est une véritable cécité psychique qui empêche de percevoir ce qui est en jeu. À un niveau inconscient, il est probable qu'on perçoive ces signaux, mais cette information n'arrive pas nécessairement au niveau conscient. Les proches, inconsciemment sidérés, impuissants, terrifiés, évacuent tout signal d'alarme de leur champ de conscience. Sans même s'en rendre compte, ils « zappent » la possibilité du suicide, même si, rétrospectivement, ils constatent, effondrés, que tout était là pour les alerter sur l'imminence du geste. Certains d'ailleurs se souviennent d'éclairs d'intuition sur la réalité de la menace suicidaire. C'est autour du souvenir de ces instants de lucidité que se cristallise la culpabilité après le suicide : ils se reprochent de ne pas avoir agi, alors qu'ils « savaient ». Ils se condamnent de ne pas avoir écouté leur instinct qui leur disait de se débarrasser du fusil de chasse ou de la corde qui était au sous-sol, ou des médicaments dangereux contenus dans la pharmacie. Ils se font ainsi l'amer reproche d'être humains et d'avoir, à leur insu, mis en œuvre un mécanisme de protection psychique sur lequel ils n'avaient pourtant aucun contrôle.

L'autre versant de cette accusation de « n'avoir rien vu » est de savoir s'il y avait, bel et bien, quelque chose à voir ! N'est-il pas toujours plus facile d'interpréter les situations passées à la lumière des événements du présent ? Disposait-on vraiment, à l'époque, des moyens de « décoder » ce que communiquait la personne suicidaire ? On l'a vu précédemment, certaines sont très ambivalentes quant à leur réel désir de mort : elles ne l'expriment qu'à demi-mot, par des allusions détournées qui finalement ne font que brouiller les pistes, même si leur objectif initial est plutôt d'alerter que de dissimuler. D'ailleurs, on sait que quelques-unes d'entre elles ne savent même pas, quelques heures avant leur suicide, qu'elles vont passer à l'acte. Nous avons également évoqué des situations où la personne suicidaire prend garde à ne livrer aucun indice, de peur qu'on ne contrecarre son projet. Que peut-on alors voir quand elle ne donne rien à voir ?

On peut envisager d'autres cas de figure : il se peut que certains signaux aient été plus clairs, mais que ces derniers se soient trouvés noyés dans un tel contexte émotionnel qu'il était impossible de déceler quoi que ce soit : cette adolescente qui se suicide si impulsivement était peut-être instable et en souffrance depuis des années. Elle n'en était pas à sa première crise. Son entourage s'était habitué depuis longtemps à ces conflits houleux qui disparaissaient aussi vite qu'ils apparaissaient.

Comment était-il donc possible que, ce soir-là, ses parents aient pu saisir au vol *la* phrase ou *le* comportement spécifique qui leur aurait permis de comprendre que quelque chose de différent était en train de se passer ? Comment pouvaient-ils comprendre que l'agressivité manifestée, ce jour-là, par leur enfant, n'était pas un nouveau mouvement de rébellion mais, au contraire, le reflet maladroit d'un profond désespoir qui allait le conduire à la mort ? Étaient-ils vraiment en mesure de voir quoi que ce soit ? Non, sûrement pas, mais cela ne les empêche pas de s'en faire aujourd'hui le lancinant reproche.

Et il y a tant d'autres choses qu'on découvre a posteriori. Par exemple, on apprend, après le décès, que le risque suicidaire est, en fait, le plus élevé quand la personne malade commence à sortir de sa dépression ! Quand elle est au plus mal, elle n'a pas assez d'énergie pour passer à l'acte et c'est seulement quand elle commence à aller mieux, tout en restant encore suffisamment déprimée, qu'elle trouve la force de se suicider. Nous avons également déjà parlé du calme soudain qui s'installe chez certaines personnes, une fois que la décision de se tuer a été prise. Après des années de souffrance et de mal-être, l'entourage se réjouit d'un tel revirement d'humeur et il leur est impossible d'y voir les prémices du suicide à venir. On n'a connaissance de ce type d'informations que plus tard, quand on découvre ce que vivent les personnes suicidaires ; avant, on ne savait pas et on se fait pourtant aujourd'hui le reproche de cette ignorance. Il existe d'autres signes précurseurs : le fait, par exemple, que la personne suicidaire commence à se séparer de biens qui lui sont chers, peu de temps avant son suicide – tel ado donne son lecteur CD à son meilleur ami, tel autre offre ses vêtements préférés, prétextant qu'ils ne sont plus à sa taille ; autant de cadeaux d'adieu que personne n'interprète comme tels. Le pouvait-on d'ailleurs ? On ne savait pas ! Alors pourquoi aujourd'hui se condamner avec autant de violence ?

La culpabilité chez l'enfant en deuil

Tout comme l'adulte, l'enfant n'est pas à l'abri de la culpabilité et elle est d'autant plus massive, dans certaines tranches d'âge (entre 5 et 9 ans environ), qu'y prédomine ce qu'on appelle « la pensée magique ». C'est un mode de pensée où l'enfant considère que tout ce qui se passe dans son petit univers est en lien direct avec lui : il est le centre du monde et il se croit capable d'influencer le cours des événements. Si un parent vient à se suicider, l'enfant va presque immanquablement envisager l'hypothèse qu'il est responsable de l'acte suicidaire, même si tout prouve le contraire : il a, par exemple, souhaité la mort de son grand frère après une bagarre avec lui, et ce dernier se suicide. Ou encore son père, exaspéré par une de ses colères, le punit. Furieux, l'enfant lui lance un « Je voudrais que tu meures ! » plein de hargne et le père se suicide une semaine plus tard. L'enfant est consterné ! Il n'a pas la capacité de prendre suffisamment de recul pour relativiser l'impact réel de ses paroles : pour lui, elles ont vraiment le pouvoir de tuer et il est terrifié de voir un tel résultat ! Ainsi, de manière générale, il est toujours utile d'aller vérifier auprès de l'enfant s'il se sent, d'une façon ou d'une autre, responsable du suicide, puis de lui affirmer explicitement qu'il n'est en rien coupable de ce qui s'est passé.

Si traumatisante soit-elle, la culpabilité peut, étrangement, devenir un moyen de protection pour l'enfant face à l'absurdité de la situation : il est peut-être moins désespérant pour lui d'être « coupable de quelque chose » que d'être « innocent » mais « impuissant » ! Ce positionnement lui permet, en quelque sorte, de préserver la cohérence de son monde, le sentiment d'impuissance et de perte de contrôle étant beaucoup plus « corrosif » psychiquement que la culpabilité. Mais ce n'est pas sans conséquences : convaincus de leur culpabilité, certains enfants se retirent en eux-mêmes et adoptent un profil bas, tentant ainsi de se faire le plus discrets possible, de crainte qu'on les « démasque ». Leur deuil ne peut alors s'exprimer à sa juste mesure. Là encore, il faut aller au-devant de l'enfant un peu trop sage et qui ne manifeste pas grand-chose, afin de s'assurer qu'il n'étouffe pas en lui une intolérable culpabilité.

Le prix de la culpabilité

> Après le décès de ma fille, je suis revenu sur tout ce que j'avais fait, dit ou écrit depuis qu'elle était enfant. Cet enfer a duré presque trois ans, avant que je puisse m'en libérer. Je me disais que c'était moi, son père, qui n'avais pas su m'y prendre pour l'ouvrir à la beauté du monde. Pendant ces trois années, je ne me suis rien autorisé. Tout était gris et vide de sens. Je ne ressentais pas consciemment le désir de me punir, mais, avec le recul, je dois reconnaître qu'il y avait un peu de ça.

> Pendant deux ans et demi, je n'étais plus dans ma vie. Ça m'était même impossible de chantonner en écoutant la radio. Dès que je passais un bon moment ou que je m'entendais rire, je me disais aussitôt que je n'avais pas le droit d'être bien, parce que mon fils s'était suicidé. Je m'imposais à moi-même toutes sortes de contraintes et d'interdits. Et puis, tout doucement, sans que je sache vraiment comment, j'ai repris goût à la vie, sans me sentir coupable.

Vous reconnaissez-vous dans ces témoignages ? Y retrouvez-vous l'écho de ce que la culpabilité a induit dans votre vie ? Nous venons de le voir : la culpabilité se construit autour de la faute, qu'elle soit réelle ou supposée. Or, dans notre tradition judéo-chrétienne, s'il y a « faute », il doit y avoir « punition ». On comprend alors combien le deuil après suicide peut potentiellement porter lourdement la charge des « punitions » qui découlent de cette condamnation de soi ! C'est un appel à la vigilance car ces « punitions » qu'on s'impose à soi-même sont essentiellement inconscientes et leur mise en œuvre est subtile. L'objectif de ce chapitre est donc de les identifier plus clairement, afin de déceler leur impact dans votre quotidien et de vous aider à en réévaluer la pertinence. Fruits de la culpabilité, ces « punitions » ont une réelle toxicité au niveau psychique. Si on n'y prend pas garde, elles peuvent miner chaque instant de la vie de façon pernicieuse et durable. Nous allons donc envisager différents types de « punitions » que la culpabilité est capable d'induire après le suicide d'un proche.

Un dernier point : rappelez-vous que chaque deuil est unique ; il est donc possible que la culpabilité ne soit pas pour vous un enjeu majeur (ce qui serait pour vous une grande chance). Prenez donc ce qui suit avec la distance nécessaire et n'y voyez aucunement une fatalité ou un chemin obligatoire ! Il est même probable que vous ne vous retrouviez pas du tout dans ce qui va suivre.

« Je n'ai plus droit au bonheur »

> Ma meilleure amie s'est refusé tout plaisir après le décès de sa fille. Elle s'interdisait tout : les sorties, les réunions de famille, les vacances. Elle disait qu'elle ne se sentait pas le droit de profiter de la vie. Elle s'imposait une vie de tristesse et de désolation, entre le cimetière et sa cuisine. Elle ne faisait plus grand-chose.

On ne sort plus, on ne vit plus, on s'interdit le moindre bonheur car on estime ne plus y avoir droit : « Mais enfin, comprenez-moi ! Mon fils s'est suicidé ! J'ai échoué en tant que mère. Voilà : il n'y a plus rien à dire ! Je n'ai plus le droit d'être heureuse. » La vie désormais ne doit plus être qu'une longue et douloureuse punition. Cette attitude d'esprit n'est pas loin de ce qu'on appelle la « culpabilité du survivant » : c'est le sentiment de ne plus avoir le droit de jouir de la vie parce que d'autres (un autre, une autre) sont morts. On se sent coupable si on s'entend rire au cours d'un dîner ou si on se surprend à prendre du bon temps. Le couperet tombe : « Non ! Pas de ça ! Je dois maintenant payer pour l'insouciance de ma vie passée. J'ai mangé mon pain blanc. C'est comme ça : un jour ou l'autre, on doit payer pour le bonheur qu'on a connu. »

Certains d'entre vous tombent, pour un temps, sous le joug de cet interdit mais, au fil des années, ils parviennent à s'en libérer. D'autres, en revanche, s'y enlisent... En fait, cet interdit perdure aussi longtemps qu'on estime ne pas avoir suffisamment « expié » la faute dont on s'accuse et, pour certains, cela peut signifier toute une vie. Les longs discours de leurs proches les invitant à accepter à nouveau un peu de bonheur restent vains, et même s'ils ont en partie conscience d'être les artisans de leur propre malheur, il leur est souvent difficile d'agir autrement, tant est puissante la culpabilité qui les étreint.

« Je me méprise »

« Vous entendez ce que je suis en train de vous dire ? Je suis responsable d'un suicide ! Quel genre d'être humain suis-je donc pour avoir laissé passer ça ?! Je ne peux plus me regarder dans la glace. Je me méprise. »

Au regard de ce qui s'est passé, il devient impossible de se percevoir comme « quelqu'un de bien ». On se rend compte qu'on n'est pas ce qu'on croyait être ; on se déçoit soi-même et, pire encore, on est convaincu d'avoir déçu autrui d'une façon particulièrement tragique. On se dit que si on avait été quelqu'un d'autre – sous-entendu quelqu'un de « mieux » – rien de tout cela ne serait jamais arrivé. Cette « punition » est particulièrement redoutable car elle touche au cœur même de l'estime de soi. On se désigne comme indigne du moindre succès, de la moindre gratification, du moindre bonheur. La confiance en soi est battue en brèche. Cela peut même aller jusqu'à se mettre en échec dans tout ce qu'on entreprend.

Un paramètre important vient parfois renforcer cette vision négative de soi : c'est l'idéalisation de la personne décédée. Dans cette dynamique de pensée, le souvenir de cette personne se vide progressivement de tous ses aspects négatifs, pour n'en conserver que les positifs. Ses « zones d'ombre » sont évacuées ou passées sous silence, de telle sorte qu'une image magnifiée de la personne décédée s'impose au fil du temps : elle devient finalement un modèle de perfection. Cela n'est pas négatif en soi (ce processus d'idéalisation peut même s'avérer bénéfique au cours du deuil). Il pose problème quand l'idéalisation vient nourrir la culpabilité : en effet, si on estime avoir été « défaillant » vis-à-vis d'une personne considérée comme aussi extraordinaire, il devient alors logique de se positionner comme un individu totalement « nul » qui n'a pas su être à la hauteur d'un tel être d'exception. À l'extrême, voici le genre de discours qu'on est capable de se tenir : « Cette personne était trop bien pour moi, trop pure ; je ne la méritais pas. Finalement, c'est normal qu'elle ait voulu me quitter. Son geste est la preuve de ma médiocrité : on ne quitte pas les gens de valeur ; les gens bien savent retenir à la vie ceux qu'ils aiment. Et moi, j'ai échoué, c'est tout dire ! » Ne croyez pas que de telles pensées soient exagérées : il existe réellement des gens qui se trouvent, à ce point, englués dans leur propre culpabilité.

L'idéalisation excessive du conjoint décédé peut également avoir un effet pervers sur les relations affectives, quand celles-ci redeviennent à nouveau possibles. En effet, sous l'emprise du couple « culpabilité/idéalisation », le conjoint disparu, par exemple, se voit paré de mille qualités. Sans s'en rendre compte, le partenaire en deuil place la barre très haut, tellement haut d'ailleurs que plus personne ne peut être à la hauteur et trouver grâce à ses yeux : le nouveau compagnon ou la nouvelle compagne n'est jamais assez « bien », par rapport au conjoint décédé. On n'a pas toujours conscience que la culpabilité est opérante derrière ce refus d'un nouveau ou d'une nouvelle partenaire, ni que la solitude est là une subtile punition qu'on est en train de s'infliger ! Il est vrai aussi que, d'un autre côté, le vide affectif auquel on se condamne peut être une façon inconsciente de « négocier » avec la culpabilité : rendre impossible la survenue d'une nouvelle relation court-circuite le dilemme d'avoir à « trahir » la personne décédée, par le fait d'aimer à nouveau.

« Je dois mourir à mon tour »

L'ultime façon de se faire « payer » le suicide d'un proche est... de se tuer à son tour : « Je n'ai pas le droit de vivre, je dois mourir aussi. » Ce type de punition n'est pas aussi rare qu'on pourrait le croire. Nous prendrons le temps de développer ce point plus tard, dans le chapitre consacré à la dépression.

Dans cette même catégorie, peut se construire également l'idée qu'on est, soi-même ou ses proches, condamné à connaître un destin similaire à la personne disparue. Le suicide est perçu comme une fatalité à laquelle il serait vain de vouloir échapper. Cette vision tronquée de la réalité expose au risque de s'avouer systématiquement vaincu et impuissant face aux difficultés de la vie. On abdique avant même de livrer bataille, tant on est convaincu que c'est peine perdue. Une telle attitude peut conduire à interpréter le moindre revers de la vie à la lumière de cette « malédiction », en considérant que tout est écrit et que, quoi qu'on fasse, l'issue est irrémédiable.

Les dangers de la victimisation

Au regard de tout ce que nous venons d'aborder, on perçoit bien combien la culpabilité et ses conséquences véhiculent un très fort potentiel de fragilisation intérieure. Dans le deuil après suicide, les proches se retrouvent obligatoirement « victimes », victimes dans le sens où ils subissent une situation qu'ils n'ont pas choisie. Jusque-là, on reste dans le cadre d'un vécu normal du deuil. Les choses se compliquent néanmoins quand, écrasés par la culpabilité, ils se désignent comme responsables du suicide. Certains proches deviennent alors « victimes », non pas de l'acte suicidaire, mais de la culpabilité elle-même ! C'est cet insidieux processus de victimisation qui sert de fondation aux « punitions » dont nous venons de parler.

La personne qui les vit est la première à en souffrir. En toute logique, le premier réflexe serait de penser que la personne « victime » de la culpabilité a tout à y perdre. Et pourtant, à y regarder de plus près, cela n'est pas toujours le cas (en se rappelant toujours la part inconsciente de tout fonctionnement psychique. Voir dans ce qui suit une démarche volontaire de la personne en deuil serait une grave erreur !). Nous allons en effet aborder la question des bénéfices secondaires qui découlent du statut de « victime ». Quoi qu'on en dise en effet, ce positionnement offre à certains une certaine protection (tant au niveau personnel que social) par rapport à la violence de la culpabilité et de ses conséquences. En d'autres termes, le statut de « victime » peut paradoxalement devenir une « force » ou un moyen de contrecarrer la culpabilité, même si le prix à payer pour cela est exorbitant, tant psychiquement que socialement. Quelques exemples vont nous permettre de mieux comprendre de quoi il peut s'agir.

Être victime pour se protéger du jugement d'autrui ?

En se positionnant comme victime, on se montre à autrui anéanti, fragile, impuissant, dévasté. Contre toute attente, c'est, en réalité, une position de pouvoir, dans le sens où on exerce sur autrui une certaine emprise. En effet, l'objectif est de couper l'herbe sous le pied de l'entourage (famille, belle-famille...). S'il est à la recherche d'un bouc émissaire et que la personne en deuil craint de se voir accusée, une riposte possible est de se montrer rongé par la souffrance. En agissant ainsi, on nourrit le secret (et inconscient) espoir que personne n'osera en rajouter : on ne frappe pas quelqu'un qui est déjà à terre, n'est-ce pas ? Ainsi, la personne en deuil fait en sorte que nul ne se permette de lui adresser le moindre reproche. Il faut s'empresser de dire que la personne en deuil souffre effectivement, mais on ne peut pas nier le fait que le spectacle de sa souffrance influence les autres et détermine une partie de leurs réactions à son égard : il serait en effet beaucoup plus facile pour un entourage à la recherche de coupables de proférer des accusations à l'encontre de quelqu'un qui se présenterait à eux confiant et sûr de lui. Intuitivement, la personne en deuil le comprend et elle adopte la position basse, celle qui lui permet de « parer les coups » et de se protéger d'éventuelles agressions.

Cela peut marcher, mais il faut être prudent : on peut certes chercher à se protéger en adoptant la position de « victime », mais il ne faut pas s'y laisser emporter, au point de s'identifier complètement à ce statut et de s'y perdre. La question est de savoir si on a le recul nécessaire pour s'en rendre compte.

Être victime et devenir un « sauveur » ?

Le discours intérieur peut être celui-ci : « J'ai failli ; je dois donc payer, il faut que je me rachète, à mes yeux et aux yeux d'autrui. » C'est sur cette base que certains construisent l'attitude dite du « sauveur ». L'objectif est de démontrer à autrui (et à soi-même) qu'on est finalement quelqu'un de « bien », quelqu'un qui est notamment capable de prendre soin d'autrui et de réparer les blessures qu'on n'a pas su réparer chez la personne suicidée. Il y a là une tentative de réparation de la « faute ».

Comment cela se traduit-il ? Prenez l'exemple d'une personne dont le conjoint s'est suicidé. Son « expiation » peut passer par l'instauration d'une nouvelle relation affective d'un type particulier ; l'idée sous-jacente étant que le bonheur est désormais interdit (ou qu'il est nécessaire de le payer au prix fort), cette personne va inconsciemment accueillir dans sa vie un ou une partenaire qui va effectivement lui faire chèrement payer ce nouveau bonheur : son choix se porte par exemple sur des gens à la personnalité « difficile » ou en grande détresse physique, psychologique, affective ou sociale. Le sauveur « porte » alors cette personne, souvent au détriment de son propre bien-être. Même s'il existe un authentique lien d'amour, il n'empêche que, très souvent, la dimension de sacrifice vis-à-vis du nouveau conjoint est manifeste. Le bénéfice secondaire consiste ici à restaurer, du mieux qu'on peut, l'estime de soi, tout en gardant profil bas. On semble en effet dire au monde : « Regardez combien ma vie est difficile (statut de victime), mais regardez aussi comme je sais bien prendre soin d'autrui (statut de sauveur qui se rachète de sa "défaillance" d'autrefois). »

Le risque d'une telle attitude est de ne jamais avoir l'impression d'en faire assez. Au fil du temps, on s'épuise à prouver qu'on est à la hauteur de la situation, même si cela passe par la négligence de ses propres besoins et priorités. On ne s'estime jamais satisfait de ce qu'on entreprend car, de toute façon, il existe en soi l'intime conviction, issue de la culpabilité, qu'on est fondamentalement défaillant. Certains s'épuisent ainsi, physiquement et émotionnellement, à essayer d'atteindre des objectifs illusoires, impossibles ou irréalistes : ils attendent confusément une sorte d'« absolution » qui ne viendra jamais puisqu'ils nourrissent en eux une culpabilité qui la rend impossible !

Une autre version du « sauveur » se retrouve parfois chez les adolescents dont un parent s'est suicidé. Cela consiste à « assurer » là où l'adolescent estime que les adultes ont échoué ou ont été défaillants :

> Mon fils aîné se sent responsable pour tout le monde ! Même si je ne lui ai rien demandé, il se considère comme l'homme de la maison. Il se sent responsable de moi : « Comment vas-tu t'en sortir quand nous (les enfants) quitterons la maison dans plusieurs années ? » Il s'inquiète de me voir seule. En fait, je sens de l'irritation derrière son attitude ; c'est un peu comme s'il me demandait de rencontrer quelqu'un au plus vite, afin de ne pas être obligé de rester avec moi tout le reste de sa vie.

> Mon fils de 17 ans se sent désormais responsable de son petit frère. C'est comme s'il me disait : « Il faut un père à ce petit ! Il n'y a que moi dans cette maison pour lui apporter de la stabilité ! » J'ai essayé de lui parler car il est évident que ces responsabilités pèsent trop lourd sur ses épaules, mais c'est peine perdue : il me tourne en dérision et s'en tire par une pirouette.

On décèle en filigrane de ces témoignages la tendance de beaucoup d'enfants à devenir « le parent de leur parent en deuil » : ils focalisent toute leur attention sur ce parent qu'ils considèrent – à tort ou à raison – comme fragile et incapable de vivre normalement sans leur soutien. Si cette prise en charge (voire cette substitution des rôles familiaux) va trop loin, l'enfant/ado peut inconsciemment négliger ses propres besoins, au détriment de son propre chemin de deuil. Il est clairement de la responsabilité des adultes qui l'entourent de ne pas laisser l'enfant assumer un tel rôle, en comprenant, en même temps, qu'il acceptera d'y renoncer uniquement s'il sent un minimum de sécurité s'instaurer autour de lui.

Être victime pour justifier ses zones d'ombre ?

Quand la culpabilité ne s'apaise pas au fil des années, il y a manifestement « quelque chose » qui ne se fait pas. Le statut de victime et la culpabilité sont parfois l'arbre qui cache la forêt... Il est possible en effet que l'immobilisme de certaines personnes renvoie à des problématiques qui n'ont rien à voir avec le suicide lui-même ! Elles avaient peut-être des difficultés psychologiques avant le suicide.

Prenons l'exemple de quelqu'un qui a toujours eu peur d'entrer en relation avec autrui. Après le suicide d'un de ses proches, cette personne se coupe encore plus des autres et met sur le compte du suicide la solitude dans laquelle elle s'enferme : « Si je suis seul, c'est parce que je suis responsable du suicide. Je n'ai pas droit au bonheur ; il faut que je paie. » Ainsi, même s'il est vrai que le deuil induit un retrait transitoire par rapport à autrui, il devient, dans ce cas de figure, une sorte de justification à un comportement qui lui préexistait.

Un autre exemple : la culpabilité (et ses conséquences) peut être mise en avant pour justifier des échecs professionnels ou relationnels, alors que d'autres paramètres étrangers au suicide (comme la personnalité ou les compétences) entrent manifestement en jeu. Invoquer le suicide (et se positionner en victime) offre à certains une opportune légitimité vis-à-vis des échecs de leur vie, en rendant difficile, par là même, toute remarque désobligeante ou tout reproche de la part de l'entourage : « Comment oses-tu me remettre en question de façon aussi éhontée, alors que je viens de perdre mon enfant ?! » On décèle, là aussi, une très subtile « prise de pouvoir » sur autrui, muselant toute opposition, et il n'est pas certain que cette personne soit prête à y renoncer.

S'affranchir de la culpabilité ?

Au vu de ce que vous venez de lire, il apparaît clairement que la culpabilité est l'axe principal du vécu du deuil après suicide. Ses racines plongent profondément en soi et ses conséquences sont multiples. De ce fait, et même si elle semble incontournable, il pourrait être intéressant de jeter un autre regard sur la culpabilité, afin d'essayer d'en amoindrir l'impact.

La recherche du « pourquoi ? »

Reprenons ici la quête du « pourquoi ». Nous avons vu combien elle était omniprésente dans le deuil. Mais avez-vous remarqué quelque chose d'important au fil de ce chapitre sur la culpabilité ? Même si elle concerne la personne disparue, cette quête parle, en fait, essentiellement de soi. En effet, face à la culpabilité, la priorité absolue, en tant que personne en deuil, est de savoir si, oui ou non, on est responsable du décès. Quand on perd un proche d'une maladie grave comme le cancer, la culpabilité n'a pas la place qu'elle occupe après un décès par suicide. Dans le premier cas de figure, en effet, on ne se positionne pas a priori comme responsable, la culpabilité est donc moindre. Ainsi, la différence dans le vécu de la culpabilité réside bien dans le rôle qu'on s'attribue dans la genèse du décès. À la lumière de ce constat, on peut émettre l'hypothèse que la recherche compulsive du « pourquoi », ce serait d'abord pour soi qu'on l'entreprend : en d'autres termes, on serait soi-même l'enjeu de cette recherche.

Certains auteurs qui étudient le deuil affirment que la quête du « pourquoi » pourrait être une façon de se préserver de la souffrance : tant qu'on n'aurait pas trouvé de réponse définitive à ces interrogations, on ne laisserait pas la place aux émotions. Ce processus cérébral, intellectuel, serait une manière de maintenir à distance le processus émotionnel. Ainsi, pendant qu'on cherche des réponses avec obstination et pugnacité, on différerait d'autant la confrontation à la colère, à l'abandon, au rejet, à la culpabilité, à l'absence. Au niveau inconscient, cette recherche serait également une façon de préserver le lien avec la personne disparue, y renoncer pouvant alors se comprendre comme une rupture de ce lien, d'où l'impossibilité pour certains à mettre un terme à leur recherche. L'énergie investie dans cette quête « porterait » certaines personnes en deuil et les aiderait à ne pas sombrer. Dans ce sens, elle serait, en quelque sorte, protectrice, mais à la seule condition qu'elle ne devienne pas une fin en soi, mettant la vie entre parenthèses, au point d'altérer la relation au monde et à autrui.

Le piège d'une lecture dans l'après-coup

Le deuil se fonde sur la relecture du passé : c'est grâce à celle-ci qu'on pense retrouver les points d'ancrage à la culpabilité. Or nous oublions un peu trop vite que nous avons tendance à reconstruire les événements du passé à la lumière de ceux du présent. Nous leur attribuons rétrospectivement un sens qu'ils n'avaient pas nécessairement initialement, et cela dans le but de les mettre en cohérence avec les informations dont nous disposons dans le présent. Cela signifie que, si nous explorons le passé à la recherche de « preuves » justifiant notre culpabilité, nous allons immanquablement en trouver. L'esprit humain fonctionne ainsi ! On trouvera toujours ce qu'on a besoin de trouver, même si cela se fait au prix d'une interprétation erronée du passé. On fait fi du fait qu'on n'avait pas alors les moyens de donner aux événements le sens qu'on leur donne aujourd'hui. Néanmoins, en dépit de cette objection, beaucoup continuent à affirmer avec insistance qu'ils auraient quand même dû comprendre ce qui se passait.

Maintenant, lisez soigneusement ce témoignage :

> Je porte un lourd sentiment de culpabilité car je n'ai rien vu ; je ne me suis rendu compte de rien. J'étais sa femme pourtant ! Comment voulez-vous que je n'aie pas une part de responsabilité dans ce qui s'est passé ? On a toujours quelque chose à se reprocher. Je suis restée passive. Je vivais de façon inconsciente et je n'arrive pas à me le pardonner.

Il semble que nous mettons la charrue avant les bœufs : le suicide d'un être cher induit, en soi et par lui-même, de la culpabilité ; ce n'est que dans un deuxième temps qu'on scrute le passé, afin d'essayer d'étayer ce sentiment, en cherchant des supports qui rendraient tangible, légitime et « objective » cette culpabilité de fond. C'est parce que nous nous sentons coupables que nous avons besoin d'aller chercher, dans notre histoire passée, des « preuves » ou des « raisons » de l'être... et pas l'inverse ! Cette femme pose sa culpabilité comme un postulat de base qu'elle ne remet pas en question : « J'étais son épouse, donc je suis coupable » (on retrouve ce même discours chez les parents en deuil : « J'étais son père/sa mère, je suis donc coupable de quelque chose »). Cela énoncé, elle part à la recherche de circonstances passées qui pourront venir confirmer et argumenter son point de vue : « Je suis restée passive, je vivais de façon inconsciente. » En lisant les témoignages de personnes en deuil après suicide, on s'aperçoit que la notion de « faute », à l'origine de la culpabilité, préexiste très souvent à la recherche des « preuves » qui viendront l'étayer. Ce n'est que secondairement que cette recherche s'initie. Or il est important de répéter qu'on trouvera toujours quelque chose dans le passé, quand on a l'intime conviction qu'il y a quelque chose à trouver ! Comme, de surcroît, cette recherche a pour objet les rapports humains (faillibles par nature !), on n'a que l'embarras du choix pour trouver des événements sur lesquels fixer sa culpabilité : le moindre incident peut devenir la preuve irréfutable qu'on a effectivement agi de façon irresponsable. C'est sur ces bases qu'on se désigne comme coupable !

La culpabilité : un chemin nécessaire ?

D'un autre côté, la recherche de « fautes » dans le passé pourrait aussi se comprendre comme une nécessité psychique visant à gérer et à contenir la culpabilité. Le but serait de ne pas la laisser « flottante » et sans support dans la vie psychique. Ce serait un moyen inconscient de préserver sa cohérence interne.

Allons maintenant un peu plus loin et écoutons comment s'énonce la culpabilité : « Je suis coupable car je suis son épouse, je suis son père, je suis sa mère. » La personne proclame là un statut et une identité ! Établissant un lien entre la culpabilité et un statut qui la définit par rapport à elle-même et par rapport au monde, revendiquer la culpabilité revient, pour la personne en deuil, à revendiquer, du même coup, son identité ! Il y aurait une sorte de lien ou de corrélation entre « culpabilité » et « identité ». Vu sous cet angle, on comprend mieux pourquoi il serait difficile, voire impossible, de « lâcher » la culpabilité, tout comme il serait impossible ou inconcevable de demander à quelqu'un de « lâcher » un des fondements de son identité. Pourrait-on dire alors que la culpabilité serait, à cet égard, une nécessité psychique destinée à préserver l'intégrité psychique ? Ce serait peut-être pour cela que certains proches « s'acharnent » à se désigner comme coupables, alors que tout semble les disculper. Leur entourage s'en irrite et les accuse même parfois de « se complaire » dans la culpabilité. Mais si on se place du point de vue précédent, on se rend compte que ces personnes ont, pour ainsi dire, besoin de cette culpabilité, même si les éléments qu'elles mettent en avant pour la justifier ne tiennent pas la route aux yeux d'autrui. En effet, si c'est leur identité qui est en jeu, on comprend leur détermination à la préserver.

Et s'il y avait autre chose encore ? Et si la culpabilité remplissait une autre fonction ? Quand je fais état de ma culpabilité, je suis en train de dire quelque chose d'important : j'affirme que je porte une part de responsabilité dans le suicide. Le fait d'affirmer cela ne me permettrait-il pas de m'approprier une partie du geste suicidaire ? Est-ce que cela serait une manière de ne pas laisser la totalité de l'acte entre les seules mains de la personne disparue ? Peut-être, mais à quoi cela me servirait-il ? C'est une question de contrôle : quand je me désigne comme « coresponsable » du suicide, je me réapproprie, en partie, le contrôle de la situation. En quelque sorte, je ramène la démarche suicidaire dans mon champ d'influence. Ce faisant, je « reprends la main » sur un acte qui, jusque-là, m'échappait totalement. Face aux vagues destructrices de l'absurde et de l'impuissance, face au gouffre du vide de sens et de l'éclatement des repères, je pose la « digue » de ma propre personne, même si la culpabilité doit en être le point d'amarrage. Si paradoxal que cela puisse paraître, quelque chose en moi trouve une utilité psychique à cette culpabilité, dans le fait qu'elle m'aide à restaurer une vision plus maîtrisée et cohérente du monde dans lequel je vis. Le prix à payer est très élevé, mais cela me permet de ne pas perdre pied.

Tout cela vous semble peut-être un peu compliqué, mais je vous invite à prendre le temps d'y réfléchir : vous pouvez y trouver des clés importantes pour votre cheminement intérieur.

Assumer sa place

Pour clore ce chapitre, partons d'une évidence : nous avons un impact puissant sur la vie des personnes que nous aimons ; il ne peut en être autrement. Ainsi, au risque d'être un peu cru ou direct, il est illusoire de prétendre que nous n'avons rien à voir avec leur mort, si, un jour, ils viennent à se suicider.

Avez-vous participé au bien-être de votre proche aujourd'hui décédé ? Oui. Avez-vous contribué, d'une façon ou d'une autre, à son mal-être ? Oui, peut-être, mais je doute que vous l'ayez fait sciemment, en connaissance de cause. Le fait même d'être en lien avec cette personne, le simple fait de la connaître et d'interagir avec elle fait de vous une composante significative de son existence et vous ne pouviez pas faire autrement que de l'influencer, d'une façon ou d'une autre. Néanmoins, la dernière chose que vous ayez envie d'entendre, c'est que vous avez pu contribuer à son mal-être. Et pourtant, existe-t-il, dans le monde réel (et pas dans celui que vous voudriez qu'il soit), une seule relation où quelqu'un ne se soit jamais senti triste, en colère, déprimé ou rejeté à cause d'une autre personne ? Qui peut prétendre être le parent parfait, le conjoint parfait, l'ami parfait, celui ou celle qui ne blesse jamais, qui ne se trompe jamais, qui comprend toujours tout, qui est sans cesse vigilant, attentif, aimant, patient, sensible, diligent, efficace, performant ? Et si vous contemplez votre vie jusqu'à maintenant, combien d'êtres humains avez-vous blessés ? Combien de gens avez-vous négligés ou maltraités, par ignorance ou par aveuglement ? Combien de gens n'avez-vous pas compris, ni accueillis dans leur détresse ? Et combien d'entre eux se sont finalement suicidés suite à la violence de vos paroles ou de vos actes ? Pas tous, n'est-ce pas ?

Ainsi, face à la violence de la culpabilité, « assumer sa place », c'est affirmer pleinement que, oui, vous avez eu un impact majeur sur la vie de cette personne qui s'est suicidée, mais cet impact a des limites et, quoi que vous puissiez en dire, elles ne vous autorisent pas à vous poser comme responsable de sa mort.

Vous n'êtes pas responsable du suicide de votre enfant.

Vous n'êtes pas responsable du suicide de votre conjoint.

Vous n'êtes pas responsable du suicide de votre parent.

Vous n'êtes pas responsable du suicide de votre frère ou de votre sœur.

Vous n'êtes pas responsable du suicide de votre ami.

Vous n'êtes responsable du suicide d'aucun être humain.

Si impliqué que vous vous sentiez dans la genèse de sa détresse, ce n'est pas vous qui avez accroché cette corde à la poutre, ce n'est pas vous qui lui avez fait prendre ces médicaments, ce n'est pas vous qui avez appuyé sur la gâchette. Ce n'est pas vous ! Rien de votre valeur, rien de la profondeur de votre amour, rien de votre dignité fondamentale n'est ici remis en cause. Quelque chose d'autre s'est passé ; quelque chose qui va au-delà de ce que vous pouviez faire, au-delà de votre contrôle, au-delà de votre responsabilité.

> Après avoir vécu l'enfer de la culpabilité, voilà ce que je dirais à un parent qui, comme moi, a perdu son enfant : « Tu as fait tout ce que tu as pu. Tu as été un bon parent, tu l'as infiniment aimé mais ça n'a pas suffi. C'est au-delà de toi ; ne porte pas un fardeau qui ne t'appartient pas, ne te trompe pas, ne te juge pas – et sache que ce n'est pas toi qui n'as pas suffi, ça n'a pas suffi, c'est tout. Ce qui est arrivé ne dépendait pas de toi seul. »

Alors, si, en dépit de tout, vous estimez devoir « payer » pour cette « faute » ; si, pour vous, il n'y a pas d'autre voie d'apaisement, alors oui : payez.

Mais payez en connaissance de cause, payez en étant le plus lucide sur les raisons qui vous poussent à agir ainsi et sur ce que vous cherchez à obtenir. Regardez droit dans les yeux la punition que vous vous imposez, à vous-même et peut-être également à vos proches, et évaluez jusqu'à quand vous allez vous y soumettre. Toute une vie ? Pourquoi pas... Mais prenez conscience que ce choix n'appartient qu'à vous. Il serait faux d'y voir une fatalité ou un destin auquel vous ne pouvez échapper. Si la personne qui s'est suicidée était présente, jusqu'où accepterait-elle que vous alliez pour « payer » la « faute » de sa mort ?

Si vous estimez ne pas pouvoir faire autrement que de payer, payez avec sagesse et avec un minimum de respect pour vous-même. Regardez cette exigence totalement illusoire de perfection que vous vous imposez en considérant que vous auriez dû tout voir, tout entendre, tout comprendre. Regardez la dureté avec laquelle vous vous traitez, regardez la violence que vous vous infligez et demandez-vous en quoi cette punition peut être bénéfique pour vous, pour autrui ou pour la mémoire de la personne disparue. Et un jour, une fois que tout cela sera derrière vous, vous trouverez peut-être un peu de paix.

5

LA COLÈRE

> Quelque temps après le décès de mon mari, la colère s'est installée en moi et elle ne m'a pas lâchée pendant un an et demi ! Je lui reprochais de nous avoir abandonnés. C'était inacceptable pour moi qu'il n'ait pas eu envie de voir grandir ses enfants.
>
> J'étais habitée par la révolte. J'avais du mal à subir les choses, les contradictions, les frustrations ; j'explosais à la moindre occasion ! Je me sentais dans un tel état que je recevais tout d'une façon exacerbée ; j'étais à fleur de peau, écorchée vive. Cette tension intérieure a duré au moins deux ans...

Qu'attend-on de quelqu'un en deuil ? Qu'il soit triste ? abattu ? peu réactif ? On s'étonne alors quand il exprime de la colère, au point parfois d'en vouloir à la terre entière. Or la colère fait bel et bien partie du vécu du deuil et le deuil après suicide n'y échappe pas. Néanmoins, tout comme la culpabilité, elle n'est pas un passage obligatoire.

> Je ne lui en ai jamais voulu et d'ailleurs, je ne comprends pas pourquoi je ne parviens pas à lui en vouloir ; il a pourtant gâché ma vie !

> Je n'ai pas vraiment ressenti de colère. Pourtant, il aurait pu penser à sa fille : elle était toute petite quand il s'est tué et elle va devoir grandir sans son papa. D'un autre côté, il a su nous préserver : il nous a protégés financièrement ; il m'a donné toutes les clés pour m'en sortir sans lui ; il ne nous a pas abandonnés et je crois que c'est pour ça que je ne suis pas en colère contre lui.

Reconnaître la colère

Quand nous parlons de colère dans ce chapitre, il faut comprendre ce terme dans un sens très large et inclure dans sa définition toutes les émotions qui contiennent une composante de colère, comme la rancœur, l'amertume, le ressentiment...

L'expression « aveuglé par la colère » souligne combien on n'en a parfois pas conscience, ce qui nous prive de la possibilité d'agir sur elle. Elle s'exprime en effet de multiples façons, avec plus ou moins d'intensité. En voici quelques manifestations caractéristiques :

– accès d'humeur explosifs ;
– agitation fébrile plus ou moins constante, impression d'être un peu « speed » ou sur les nerfs, le tout résultant en une désagréable tension intérieure ;
– vécu d'irritation/d'irritabilité face à des situations qu'on tolérait bien autrefois ;
– impatience accrue : on réagit « au quart de tour », en étant moins enclin aux compromis ou à la négociation ;
– baisse du seuil de tolérance à la frustration ;
– tension accrue dans les rapports à autrui, avec une tendance à prendre la mouche plus rapidement que d'habitude, à entrer en conflit pour un rien ; on se sent très facilement agressé par l'indifférence d'autrui, par son manque d'attention, ses « gaffes » ou son manque de tact ;
– impression que l'environnement – ou le monde en général – est devenu plus hostile ou plus agressif ;
– manifestations physiques de stress : insomnie, céphalées, palpitations, hypertension artérielle, brûlures d'estomac, douleurs, fatigue...

Il est possible que vous vous reconnaissiez dans l'une ou l'autre de ces manifestations. Jusque-là, il n'y a rien d'étonnant : la colère étant un vécu « classique » du deuil, il est normal de la retrouver également après un suicide. Néanmoins, ce dernier introduit un paramètre qui n'existe pas dans les autres deuils.

Une colère pas comme les autres

Considérez la situation sous cet angle : si quelqu'un tuait la personne à laquelle vous tenez le plus au monde, vous ressentiriez une profonde haine pour le meurtrier. Qu'en est-il alors quand celui qui meurt... est celui qui tue, comme c'est le cas dans le suicide ? Que devient alors la colère contre l'agresseur ? On se retrouve soudain en porte-à-faux vis-à-vis d'un ressenti complexe : je suis légitimement en colère car « quelqu'un » a tué la personne que j'aime, mais, agresseur et victime se confondant, je m'interdis – ou je me sens coupable – de l'éprouver car cela reviendrait à condamner l'objet même de mon amour et de ma souffrance...

Ainsi, après le suicide, l'enjeu est de savoir quoi faire de cette colère qui se porte sur la personne même dont on pleure la disparition, que la colère soit, ou non, consciente. Cette problématique est une des composantes spécifiques du deuil après suicide.

Les cibles de la colère

La colère conduit immanquablement à rechercher une cible ou un responsable qui servirait d'exutoire à l'énorme quantité d'énergie psychique qu'elle génère. On identifie ainsi trois cibles principales :
– la colère envers autrui ;
– la colère envers soi-même ;
– la colère envers la personne disparue.

Autant les deux premières sont acceptables, autant – nous venons de le voir – la dernière pose problème. Elle dérange fondamentalement, au point qu'on tente parfois de la nier totalement : c'est une manière de l'évacuer de son champ de conscience. Il existe une autre façon de canaliser cette colère, c'est ce qu'on appelle la « projection ». Ce mécanisme psychique inconscient permet de se débarrasser du malaise généré par la colère, en la projetant à l'extérieur de soi : autrui devient alors le support privilégié !

Et nous arrivons là à un sujet délicat : vous avez peut-être toutes les raisons de penser qu'une ou plusieurs personnes ont activement contribué au suicide de votre proche. Vous êtes donc légitimement en colère contre elles. Néanmoins, compte tenu de ce qui vient d'être dit, il est important que vous compreniez qu'une partie de votre colère à leur égard est potentiellement une projection de la colère que vous nourrissez, consciemment ou non, à l'encontre de la personne disparue. Ces deux niveaux ne sont pas contradictoires. Savoir qu'ils peuvent coexister aide à faire la part des choses et permet d'aborder la colère avec un peu plus de distance et de lucidité.

Mais qu'on ne s'y trompe pas non plus : il est bien sûr tout à fait normal de chercher à ce que vérité et justice soient faites, s'il y a eu objectivement faute de la part d'un tiers. Néanmoins, la désignation d'un responsable du suicide de son proche doit aussi être envisagée en prenant en compte le mécanisme psychique de la projection comme moyen de court-circuiter la colère qu'on porte en soi.

La colère envers autrui

Dans le cas du suicide, toute personne identifiée comme ayant participé, de près ou de loin, au mal-être du proche décédé se trouve dans la ligne de mire des proches en deuil.

Les psys

Comment se fait-il que les psychiatres soient aussi incapables d'apporter un soulagement à la souffrance ! J'ai beaucoup de ressentiment à leur égard car ma fille s'est suicidée alors qu'elle était suivie par un psy et il n'a rien vu venir !

Je me suis sentie abandonnée par les médecins qui prenaient en charge mon fils car ils ne nous ont jamais donné de diagnostic précis sur sa maladie ; on nous a laissés seuls dans la nature, sans aucune piste pour gérer au quotidien la pathologie de notre enfant. J'ai le sentiment que si les soignants avaient été à la hauteur, peut-être qu'il ne se serait pas tué. En fait, j'ai, par la suite, compris leur propre impuissance : les équipes médicales sont bien souvent dépassées par la maladie mentale et elles ont peu de moyens efficaces pour aider les malades.

Il n'est pas rare que le suicide ait été précédé de rencontres avec un ou plusieurs médecins ou thérapeutes. De nombreux traitements ont été tentés, parfois avec succès, parfois sans aucun effet. On a mis beaucoup d'attentes dans les multiples hospitalisations en milieu psychiatrique, avec l'espoir de contenir la dépression grave, l'anorexie, la psychose, la toxicomanie. Aujourd'hui, on fait l'amer constat que tout cela n'a servi à rien.

Mon propos ici n'est pas de dédouaner à tout prix les « psys », qu'ils soient psychiatres, psychologues, psychothérapeutes, psychanalystes. Il y a des gens qui ont consulté des psys et qui se sont suicidés, d'autres qui n'en ont pas consulté et qui se sont également suicidés. Il y a des personnes qui étaient gravement suicidaires autrefois et qui ne le sont plus aujourd'hui, du fait de l'aide efficace d'un psy. On ne peut pas le nier non plus. Néanmoins, oui, c'est un fait : la psychiatrie est encore très limitée dans ce qu'elle peut proposer face à la souffrance. C'est un domaine où les avancées de la recherche ne sont pas aussi manifestes que dans d'autres spécialités, comme la cardiologie, la cancérologie ou la chirurgie. La compréhension du comportement humain est encore très partielle et de nombreuses années seront nécessaires avant de pouvoir proposer des traitements vraiment efficaces pour tous. Les psychiatres sont les premiers à se sentir impuissants face à des souffrances qu'ils n'arrivent pas à éradiquer totalement. Ils ne peuvent fournir que ce dont ils disposent et il est parfois injuste d'exiger d'eux qu'ils apportent aujourd'hui des réponses dont nous ne disposerons que dans dix ou vingt ans.

Mais, en fait, à y regarder de plus près, on se rend compte que, très souvent, ce ne sont pas les limites « techniques » des médecins qui suscitent le plus la colère des proches. Cela, beaucoup d'entre vous parviennent à le comprendre. C'est plutôt l'attitude des professionnels qu'ils rencontrent, avant et/ou après le suicide, qui joue un rôle déterminant.

> Le psychiatre qui suivait notre fils a appris son décès par une de ses patientes qui nous connaissait. Il n'a pas appelé. Ça m'a choqué.

> Je suis allée voir le psy de mon mari pour essayer de comprendre ce qui s'était passé. En lui posant mes questions, j'ai vu qu'il se sentait agressé, alors que ce n'était pas mon intention : il était sur la défensive. Alors j'ai laissé tomber ; il n'y avait pas de dialogue possible.

Parfois, c'est vrai, il y a réellement fuite, jugement, condamnation, négligence relationnelle, incompétence de la part des professionnels et, pour les proches, c'est inacceptable. Une étude a été menée aux États-Unis auprès de personnes ayant poursuivi des médecins en justice après le suicide d'un proche. Il en ressort plusieurs attitudes qui cristallisent leur colère : l'exclusion des proches dans la démarche de soin, le non-accès à l'information concernant le malade, les décisions hâtives ou non expliquées, les abus de pouvoir, les fuites, les dérobades, les mensonges parfois... Le cœur de ces accusations est l'absence de communication, l'absence d'empathie, l'absence de relation. A contrario, cette étude montre que les proches qui n'ont pas intenté de procès sont ceux qui ont pu parler ouvertement avec le thérapeute de leur proche décédé ou ceux qui ont reçu, de sa part, des messages sincères de regret et de soutien où transparaissait une authentique compassion. C'est, de toute évidence, au niveau de la qualité de communication avec les proches que de gros efforts doivent être entrepris.

La colère des proches se nourrit également de ce qui est perçu comme une non-vigilance des psys vis-à-vis de la menace suicidaire : une équipe soignante laisse sortir un patient de l'hôpital et il se suicide dans l'heure qui suit ; un psychiatre de garde ne fait pas hospitaliser une personne que des proches, inquiets, ont amenée aux urgences. Il estime qu'elle n'est pas en danger et elle met fin à ses jours la semaine suivante. On ne peut nier qu'on se heurte parfois à une tragique incompétence dans l'évaluation du risque suicidaire et, si c'est le cas, il est légitime d'entreprendre des démarches pour le vérifier et de prendre les mesures nécessaires. Mais, sans chercher à minimiser ce dernier point, on doit aussi faire le constat que, la psychologie n'étant pas une science exacte, même le psy le plus compétent peut véritablement se laisser « abuser » par une personne qui a la détermination inébranlable de mettre fin à ses jours ; c'est ce dont témoigne Thérèse Hannier, présidente de Phare enfants-parents :

> Certains parents m'ont décrit combien leurs enfants étaient lucides sur le type de thérapeutes qu'ils avaient en face d'eux, même s'ils étaient schizophrènes ou gravement déprimés. Ils étaient capables de donner le change et de dire exactement ce que le psy avait envie d'entendre pour pouvoir sortir de l'hôpital. Ils pouvaient brouiller les pistes et faire croire que tout allait bien, alors qu'ils projetaient de se tuer dès qu'ils seraient dehors.

Le conjoint

Pour les proches de la personne décédée, le conjoint survivant est une cible « évidente » : il partageait son intimité, il est donc impossible qu'il n'ait pas sa part de responsabilité dans son suicide ! Les proches s'arrogent donc le droit de le condamner et d'en faire l'objet de leur colère. Il arrive que les parents de la personne décédée s'engagent sur cette voie. Qu'il y ait, ou non, projection de leur propre culpabilité sur le partenaire de leur enfant, cette situation entretient une inutile souffrance pendant des années :

« Qu'avez-vous fait à votre enfant pour qu'il en arrive là ?

— Et vous, qu'avez-vous fait pour conduire mon fils à sa perte ? Votre couple partait-il à la dérive ? Il se peut que vous le trompiez et qu'il ne l'ait pas supporté ! »

Au lieu du soutien mutuel dont chacun a besoin, les proches de la personne décédée se déchirent et s'enlisent dans une escalade de reproches où chacun tient âprement ses positions. Quelles issues trouver à une telle souffrance qui se nourrit d'elle-même ?

La condamnation mutuelle des parents en deuil

Le suicide d'un enfant inaugure un temps de crise dans le couple parental. Chaque parent se sent coupable et l'un ou l'autre peut avoir des choses à reprocher à son conjoint. Certains parents s'engagent dans une confrontation directe, quand d'autres restent silencieux : la colère n'éclate pas au grand jour, soit parce qu'elle n'est pas reconnue comme telle, soit parce qu'elle est ressentie comme trop menaçante pour l'intégrité du couple, si on lui laisse libre cours. On redoute de montrer à son conjoint l'intensité de sa colère et, en même temps, on craint d'être accusé, à son tour, si on énonce le moindre reproche. Alors, que faire ? Prendre le risque de nommer les choses ? ou décider de se taire, en espérant que « ça passera » tout seul ? La première option est certes difficile à mettre en œuvre : elle fragilise le couple car des paroles dures peuvent être prononcées à cette occasion. Elle suppose une communication antérieure de qualité et une réelle volonté de cheminer dans le deuil, ensemble et solidaires, conscients que la survie du couple dépend d'une capacité mutuelle à entendre l'autre et à l'accueillir dans sa souffrance, même si on se sent agressé. Une aide extérieure peut s'avérer utile pour passer ce cap. Cependant, si difficile soit-il, le choix du dialogue est toujours préférable. Celui du silence ne résout rien : la rancœur persiste, même si, à court terme, on est dans l'illusion que tout se passe pour le mieux. On s'expose à voir la colère étouffée en soi s'exprimer par le biais d'un malaise diffus qui, au fil du temps, risque de miner la relation.

L'entourage

L'entourage professionnel est ici la cible privilégiée, même si, dans certaines situations, plus rares il est vrai, c'est l'entourage social ou amical qui est directement mis en cause par les proches en colère : c'est le cas, par exemple, du groupe d'amis, consommateurs de drogues, ou encore des compagnons « gothiques » de l'adolescent décédé, tant le mode de pensée de ce mouvement invite à flirter avec la mort et le suicide. Au niveau professionnel, le harcèlement moral sur le lieu de travail est le cas le plus fréquent ; il est reconnu en effet comme étant un facteur de risque dans la genèse du geste suicidaire, même s'il ne l'explique pas en totalité. Dans ce contexte, il n'est pas rare que les proches entreprennent des démarches visant à mettre au jour la réalité du harcèlement et à identifier des coupables.

La colère contre Dieu, le destin, le karma...

Il est impossible de parler de la colère envers autrui sans évoquer celle dirigée contre Dieu (quel que soit le nom qu'on lui donne). Elle n'est pas sans conséquence car elle porte dans son sillage toute une interrogation de fond sur ce que certains considèrent être la colonne vertébrale de leur existence. Ils se retrouvent face à une remise en question radicale de leur système de croyance et se reconstruire à ce niveau représente un enjeu majeur au cours de leur deuil : « Que dit ma tradition sur le suicide ? », « Mon enfant est-il condamné ? », « Y a-t-il même un Dieu pour tolérer une telle souffrance ? », « S'il existe, pourquoi a-t-il laissé cela se faire ? », « Pourquoi une telle injustice ? », « Me suis-je trompé depuis tant d'années ? »... Le deuil est aussi un processus spirituel. Cette dimension de notre être n'échappe pas à son emprise : certains quittent leur tradition d'origine pour en embrasser une autre, d'autres renoncent à toute implication religieuse et s'orientent davantage vers une dimension spirituelle, ou bien se coupent de tout, quand d'autres encore se découvrent une fibre religieuse qu'ils n'avaient jamais soupçonnée jusque-là. La colère contre Dieu ou le destin peut alors se transformer en une force positive qui invite à reconsidérer ce qu'on croyait acquis depuis toujours : il y a ce qu'on laisse derrière soi, ce qu'on garde du passé, ce qu'on acquiert dans le présent et qui fait sens aujourd'hui pour soi.

La colère sans support

Le suicide est une agression et celle-ci génère, presque automatiquement, de la violence en retour, comme une riposte, une légitime défense face à l'attaque dont on est l'objet. Elle peut rester « flottante » à l'intérieur de soi, sans support tangible : on se sent alors irrité, à vif, prêt à tirer sur tout ce qui passe. Ce ressenti est normal, même s'il est pénible à vivre au quotidien. Certains se désolent même de cet état dans lequel, à leur cœur défendant, ils se sentent en colère contre la terre entière ! Tout devient prétexte : l'indifférence d'autrui face à une souffrance qu'il ne peut pas comprendre ; la nécessité de faire « bonne figure » en société parce qu'on a dépassé le temps où l'expression ouverte de la souffrance était acceptée ou tolérée ; le bonheur, insouciant et quasi insultant, de tous les autres gens, alors que soi-même on arrive à peine à mettre un pied devant l'autre. Et même si autrui fait preuve de bienveillance, certains ne peuvent pas s'empêcher d'être en colère contre leurs propres amis parce qu'ils sont tout simplement impuissants à apaiser leur peine !

Je me fatigue moi-même à être toujours sur la défensive, mais je n'arrive pas à prendre sur moi pour le moment. J'espère qu'avec le temps ça va aller mieux, parce que ça n'est pas facile pour mon entourage.

Pendant des mois, j'étais en colère contre mes amis. Ils faisaient pourtant tout ce qu'ils pouvaient pour m'aider mais j'étais plongé dans une rage sourde dès qu'ils me proposaient quelque chose. J'ai finalement réussi à en parler avec une amie très proche et j'ai découvert avec elle qu'une partie de ma colère était en fait dirigée contre mon épouse Stéphanie. Je lui en voulais de m'avoir mis dans une situation où je me retrouvais, à cause d'elle, à avoir besoin du soutien des autres ! Quand j'ai compris cela, ça m'a permis d'aller au-delà de ma colère et d'accepter plus facilement l'aide qu'ils étaient tous prêts à me donner.

La colère envers soi-même

Colère et culpabilité occupent souvent le même territoire intérieur : elles renvoient aux mêmes situations, ce n'est que le mode d'expression qui diffère. En effet, la colère dirigée contre soi-même se nourrit de souvenirs où on reconnaît rétrospectivement les indices « évidents » qui auraient dû donner l'alarme. On se reproche avec violence ce manque d'attention ou de vigilance. Certains proches s'accusent d'égocentrisme, se condamnant d'avoir été trop focalisés sur eux-mêmes pour prêter attention à la souffrance de l'autre.

Ils ne décolèrent pas au souvenir de leurs multiples « défaillances » et se persuadent que, s'ils les avaient palliées, cela aurait pu faire la différence. On retrouve ainsi, dans la colère contre soi, beaucoup de ce qui a déjà été dit sur la culpabilité. Je vous invite à revenir à ce chapitre, en remplaçant le mot « culpabilité » par le mot « colère », vous serez étonné.

Le point important à souligner ici est qu'une colère continue contre soi-même « use » psychologiquement, et ce d'autant plus qu'on ne l'identifie pas comme telle. On sait en effet qu'une colère sourde, insidieuse, non reconnue et qui se retourne silencieusement contre soi est d'une toxicité telle qu'elle est capable d'induire une véritable dépression. C'est pour cette raison qu'il est si important de l'identifier, afin de se donner les moyens de l'exprimer plus ouvertement.

La colère envers le défunt

Nous arrivons là à un aspect délicat mais essentiel dans le processus de deuil après un suicide : la colère dirigée contre la personne même qu'on a perdue.

> Pourquoi a-t-il écrit qu'il n'y avait plus d'issue pour lui, alors qu'il ne m'a jamais demandé de l'aide ?

> Elle a brisé la vie de notre famille ! C'était toujours elle, elle, elle ! Sa souffrance, son malheur, et

maintenant, elle nous abandonne, en nous laissant sa mort sur la conscience.

Je ne peux plus me souvenir de lui avec douceur ; j'ai trop de colère en moi et ça paralyse tout. Il n'avait pas le droit de nous infliger ça, alors qu'on l'aimait tant.

Pourquoi nous attarder sur la colère ressentie contre le défunt, après son suicide ? Parce qu'elle est, très souvent, niée ou mise à distance. Pour certains, cette question est presque taboue : on ne peut pas, on ne doit pas être en colère contre cette personne qui a tant souffert. Néanmoins, le chemin du deuil passe par la confrontation à toutes les émotions et, si cette colère est présente, elle doit être, elle aussi, prise en compte et accueillie. J'insiste à nouveau ici sur le fait que la colère n'est pas une émotion obligatoire au cours du deuil. Si elle n'est pas du tout présente en vous, c'est très bien ainsi et il n'y a pas à s'inquiéter. Si elle l'est, ce chapitre est pour vous.

N'ayez pas peur de cette colère : elle ne remet pas en question l'amour que vous portez à cette personne disparue. Colère et amour ne sont pas incompatibles ! Si, par exemple, vous êtes un parent en deuil, il serait étonnant que vous ne vous soyez jamais mis en colère contre votre enfant ! Quand cela s'est passé, ça ne voulait pas dire que vous aviez cessé de l'aimer : vous étiez simplement dans votre rôle de parent. Ainsi, si vous vous autorisiez la colère de son vivant, autorisez-vous-la également aujourd'hui, même si cette personne est décédée ; il y a quelque chose de « sain » là-dedans. En agissant ainsi, vous ne serez que dans la continuité de votre relation et c'est cette liberté intérieure et cette fluidité à vous confronter à vos émotions qui vont vous aider à cheminer dans votre deuil.

Un dernier point : ce qui va suivre sont des cibles, ou des points d'accroche potentiels, pouvant servir de fondements à la colère dirigée contre un proche décédé par suicide. Mais il est important de souligner que ces « accroches » peuvent également servir de fondements à des réponses émotionnelles autres que la colère. J'aurais pu leur trouver une autre place ailleurs dans ce livre. Je vous invite donc à lire ce chapitre dans une perspective plus large que la colère, en évaluant, durant votre lecture, quelle réponse émotionnelle correspond le mieux, en vous, à ce qui est décrit.

Le rejet, l'abandon

Ça fait mal de penser que quelqu'un qu'on aime a pu agir d'une façon qui fait si peu cas de soi. On se sent rejeté, abandonné. On a beau se dire qu'il était dans une grande détresse et que plus rien d'autre n'existait à ses yeux, il n'empêche que le sentiment d'abandon est bel et bien là, en travers de la gorge. La compréhension intellectuelle de la douleur qui le submergeait ne parvient pas toujours à court-circuiter l'amertume d'avoir été aussi radicalement ignoré. « A-t-elle seulement pensé à moi ? » se demande toujours cette jeune adolescente, deux ans après le décès de sa mère. Il y a de la détresse, de l'incompréhension et une colère contenue dans ce questionnement.

En se suicidant, cette personne contraint son entourage à vivre quelque chose qu'il ne souhaitait pas. Les proches se retrouvent devant le fait accompli ; c'est sans appel : je vous abandonne et vous n'avez rien à dire. Cette déclaration est d'une grande violence. On comprend qu'une partie du chemin du deuil va consister à se réapproprier un sentiment de dignité fondamentale où le départ de l'autre ne remet plus en question la valeur intrinsèque qu'on s'accorde.

La remise en question de sa propre valeur

Certains proches en deuil reçoivent le geste de la personne disparue comme un message qui leur dirait : « Je m'en vais car ton amour n'était pas assez fort pour me retenir. En dépit de tes efforts pour prendre soin de moi, je décide de prendre un autre chemin. Ce que tu as fait, ou dit, n'a finalement servi à rien. » Une telle perception du geste suicidaire est brutale, même si elle ne se formule pas en des termes aussi crus. Quoi qu'il en soit, ces proches en deuil voient comme un échec toutes les années d'efforts. Partant de là, beaucoup en viennent à douter de la qualité de leur amour puisque, disent-ils, il n'a pas su retenir l'être aimé à la vie. Ce douloureux constat mine l'estime de soi et les proches peuvent en vouloir à la personne décédée de les contraindre à soulever en eux un tel questionnement.

Le ressentiment peut également provenir du fait qu'ils se sentent injustement accusés par la personne décédée (« Tu n'as pas fait assez pour moi »), alors que beaucoup savent que c'est faux. Enfin, le suicide rendant « publique » cette supposée défaillance de leur part, ils peuvent aussi lui en vouloir de les désigner, aux yeux d'autrui, comme des gens incapables de répondre à la souffrance d'un autre être humain. C'est un cruel désaveu qu'ils ne pensent pas mériter.

La remise en question du passé

Plus largement, le suicide conduit certains proches à remettre en question tout ce qu'ils ont vécu avec la personne décédée. « À la lumière de ce qui s'est passé, s'interroge un homme après le suicide de son épouse, je me demande si ce qu'on a vécu était vraiment du bonheur. Nous sommes-nous trompés sur notre famille ou sur notre couple ? » Certains souffrent de voir le passé entaché à tout jamais par l'acte suicidaire et ils en éprouvent de la tristesse ou du ressentiment. Le souvenir des bons moments est souillé car ils perdent leur sens au regard du suicide. L'idée que le mal-être qui a conduit à la mort était peut-être déjà présent à l'époque biaise ou invalide la perception du bonheur vécu autrefois.

Un héritage de souffrance

À travers les témoignages, on entend parfois une certaine amertume vis-à-vis de l'héritage de souffrance que la personne décédée lègue à son entourage.

> Je n'avais pas besoin de ça ! Ma fille s'en va et elle dépose dans mes mains son malheur, sans même me demander si je suis d'accord ! C'est un peu dur à dire comme ça, mais elle n'avait pas le droit de me faire ça !

Le suicide entraîne une perte des repères pour les proches. Il constitue parfois une véritable remise en question de leur système de valeurs et de leur représentation du monde. Le suicide introduit le précaire, l'aléatoire, l'imprédictibilité dans ce qu'ils croyaient autrefois être stable et sous contrôle. Maintenant, tout peut arriver : des certitudes s'effondrent, et l'on doit vivre avec cette inquiétude de fond qui nous maintient sur le qui-vive, comme si le pire pouvait encore arriver. On peut comprendre que les proches en veulent à la personne décédée d'avoir autant ébranlé leur vision du monde. Ils ont intuitivement conscience de l'effort supplémentaire qu'il va leur être demandé au cours du deuil, afin de restaurer les bases de leur sentiment de sécurité.

La colère chez l'enfant en deuil

Quand on parle du suicide d'un enfant au sein d'une famille, qu'en est-il des autres membres de la fratrie ? Comment sont-ils pris en compte ? En fait, bien peu d'études parlent d'eux et c'est presque comme s'ils étaient considérés comme des endeuillés de seconde zone. Ce n'est pourtant pas évident d'être le frère ou la sœur de quelqu'un qui se suicide : on a partagé avec cette personne une partie de son histoire, avec plus ou moins d'intimité, engrangeant en soi des souvenirs ou des secrets dont on était le seul dépositaire. Ce statut particulier conduit parfois à recevoir des confidences sur la détresse qui allait mener le frère ou la sœur au suicide. Si c'est le cas, une fois l'acte accompli, l'enfant ou l'ado se sent profondément coupable devant un drame qu'il a vu venir, sans pouvoir ou oser en parler à ses parents.

Parallèlement à la culpabilité, il n'est pas rare de rencontrer de la colère chez l'enfant en deuil d'un frère ou d'une sœur : colère que la famille soit plongée dans une telle souffrance ; colère parce que son geste dépouille le foyer de sa paix et de sa sécurité ; colère aussi de se sentir négligé par les parents parce que, depuis son suicide, l'enfant décédé capte massivement leur attention. « Mon grand frère monopolisait déjà toute l'attention de mes parents avec sa toxicomanie, s'indigne un jeune ado. Et maintenant, avec son suicide, c'est encore pire : ils ne parlent plus que de lui ! Je suis devenu transparent. » L'idée qu'« il vaut mieux être mort dans cette famille pour exister aux yeux des parents » n'est pas très loin dans l'esprit de certains et cela en pousse à manifester leur propre détresse par le biais d'échecs scolaires, de fugues ou, plus directement, par d'authentiques tentatives de suicide visant à se réapproprier l'attention des parents.

Une autre situation particulièrement difficile à vivre pour les frères et sœurs est celle où les parents commencent à idéaliser l'enfant suicidé. Il se trouve paré de toutes les qualités, quand eux-mêmes – qui sont vivants et donc faillibles – ne peuvent inévitablement que « décevoir » les parents : la lutte est inégale car la comparaison avec l'enfant mort est tout simplement intenable ; ils ne peuvent pas être à la hauteur de ce frère idéalisé et oscillent, ambivalents et mal à l'aise, entre colère et culpabilité. C'est dire combien les parents doivent être vigilants (s'ils le peuvent), afin de ne pas tomber dans cet écueil.

Puisque nous évoquons le vécu émotionnel des frères et sœurs, il est important de souligner qu'ils ne rencontrent heureusement pas que la colère au cours de leur deuil. D'autres émotions prennent souvent le devant de la scène. Il y a notamment une dimension particulière de tristesse. Celle-ci renvoie à tout ce qui ne sera pas, à cet avenir qu'on ne partagera pas. C'est ce que traduisent les mots de ce frère après le suicide de son aîné : « J'ai la nostalgie du futur, la nostalgie de tout ce qu'on devait vivre ensemble et que je vais devoir vivre tout seul, sans lui. »

> Mon grand frère traçait la route pour moi ; il défrichait le terrain ; il était mon confident qui me disait comment faire avec les filles ! Il m'aidait à réfléchir sur ma vie. Oui, ça va me manquer tout ça...

Faire avec la colère

Entre colère et culpabilité

Juste une précaution : j'ai bien conscience que les chapitres précédents peuvent être déstabilisants et susciter de nombreuses réactions de votre part, positives et négatives. Il ne peut en être autrement. Il est aussi fort probable que vous ne soyez pas toujours d'accord avec ce que vous avez lu et je vous demande de ne pas prendre pour argent comptant tout ce que j'ai écrit. Mon objectif est de susciter en vous une réflexion de fond sur votre ressenti et sur les enjeux de votre deuil, afin que vous trouviez vos propres réponses. Il va en être de même pour ce qui suit : ce ne sont que des propositions auxquelles vous pouvez ou non adhérer. N'oubliez jamais que vous êtes votre seule et unique référence. S'il y a des points particuliers qui vous tracassent après votre lecture, n'hésitez pas à chercher quelqu'un avec qui en parler (un proche, un ami, une collègue...) ; essayez de ne pas rester avec des questions sans réponse.

Ainsi, à l'issue de cette mise en exergue de la colère et de la culpabilité au cours du deuil, que peut-on en conclure et, surtout, que peut-on en faire ?

Colère et culpabilité marchent souvent main dans la main. Si la colère envers les proches ou envers soi-même reste encore « gérable », nous avons vu que celle qui se porte sur la personne disparue est bien souvent tue, ignorée, étouffée en soi, réduite au silence sous le joug de la culpabilité. Or la confrontation à la colère, quelle qu'elle soit, est une étape importante du processus de cicatrisation intérieure. On peut même affirmer que la juste expression de la colère (c'est-à-dire sans passage à l'acte, ni débordements nuisibles à soi-même ou à autrui) est une bonne indication que le processus avance. Cette expression passe par la mise en mots des émotions qui agitent le cœur et l'esprit ; elle montre que les faits ne sont plus niés : on s'autorise enfin à les confronter directement. Cette démarche a des répercussions positives : les proches en deuil voient très souvent leur dépression s'alléger quand ils parviennent à exprimer ouvertement leur sentiment de colère.

Quelle place pour le pardon ?

Le suicide fait blessure et, en cela, le suicide fait offense. Or nommer l'offense est une façon de pacifier la colère qui découle de la violence faite à ceux qui restent. Cette démarche donne accès au pardon, dimension essentielle dans le processus d'apaisement de l'esprit. L'enjeu est de taille : nous nous donnons pour objectif de nous pardonner à nous-mêmes et de pardonner à l'autre de nous avoir projetés dans une telle épreuve. Chacun formule cet enjeu avec ses propres mots, la notion de pardon n'étant pas toujours explicite ou revendiquée comme telle, mais le fond reste le même.

« Le pardon est une parole qui rompt le silence, écrit Olivier Abel dans *Le Pardon*[1]. La parole qui demande ou qui donne le pardon n'est pas une parole d'effacement, mais au contraire une parole qui rompt avec [...] le refoulement des plaintes ; une parole qui fait mémoire, pour libérer du passé [...]. Après le suicide, il apparaît, pour les proches, la difficulté à se pardonner à eux-mêmes, l'absence de l'autre interdisant la formulation d'un éventuel tort (celui de ne pas avoir pu – ou su – aider), et transformant celui-ci en une dette infinie. »

La difficulté vient aussi du fait qu'accorder à l'autre son pardon suppose qu'on accepte de reconnaître que ce dernier nous a fait offense. C'est la première étape et elle est capitale. En

1. Autrement, 1991.

effet, quand je reconnais que la personne qui s'est suicidée m'a blessé par son geste d'une façon si brutale, je reconnais à la fois sa souffrance et la mienne propre. En lui accordant mon pardon, je dis ma douleur ; je la rends légitime ; je sors de la culpabilité qui m'empêche de dire ma colère face à quelqu'un qui a tant souffert.

La quête du « pourquoi » aide à comprendre et « comprendre » peut mener au pardon, dans le meilleur des cas. Cela nous conduit à la notion que, même s'il y a offense de la part de la personne suicidée, il n'y a pas intention d'offense de sa part. C'est la base du pardon de l'autre. Et si on allait plus loin ? Et si on appliquait ce raisonnement à soi-même ? Si, du fond de mon cœur, je pardonne à l'autre car je sais qu'il n'a jamais eu l'intention de m'offenser (il ne cherchait finalement qu'à mettre un terme à sa souffrance), ne pourrais-je pas me pardonner à moi-même sur ces mêmes bases ? Je n'ai jamais eu l'intention de ne pas l'aider, de le laisser dans son mal-être, de le négliger, de lui faire du mal ! Oui : il se peut que je ne l'aie pas aidé et que je l'aie laissé dans sa détresse, mais cela n'a jamais été intentionnel de ma part... Alors, ne puis-je donc pas m'accorder un véritable pardon pour ces « fautes » dont je m'accuse avec tant de violence ? Le pardon ne pourrait-il pas devenir pour moi une alternative à la punition ? Sachez que oui, cela est possible. Mais qu'on ne s'y trompe pas : le pardon est une démarche en profondeur ;

il reste le chemin de toute une vie. Ce n'est pas quelque chose d'acquis à tout jamais. Écoutez les paroles de ce père, six ans après le suicide de son enfant :

> Je sais que je vais devoir me pardonner à moi-même et à mon fils jusqu'à la fin de mes jours. Mais c'est OK pour moi maintenant... Je sais que je peux vivre avec ça.

6

LA PHASE DE DÉSTRUCTURATION

Les semaines font suite aux mois, les mois aux années. D'instant en instant, on cherche où trouver un peu de paix. On cherche et on s'épuise, car aucune réponse n'est satisfaisante, aucune ne tient ses promesses et, même si on connaît parfois des jours de ciel bleu, rien ne semble pouvoir alléger durablement cette pesanteur qui persiste en soi.

La vie a repris son cours, du moins celle des autres car on a la douloureuse impression d'avoir été laissé sur le bas-côté.

> Moi, la plupart du temps, je fais semblant... Ça fait deux ans que ma fille est morte et, quand je reçois en souriant des amies à la maison (car je suis capable de le faire maintenant), je suis certaine qu'elles ne se doutent pas un seul instant que, le matin même, j'étais au fond du gouffre, à me demander pourquoi j'étais vivante.

Ce climat intérieur est caractéristique de la troisième phase du deuil qu'on appelle « phase de déstructuration ». « Déstructuration », le mot est clair : il évoque la perte de repères, la disparition de ce qui autrefois donnait cadre et cohérence, il parle de la nécessité de continuer à avancer, alors même qu'on se sent sans structure, sans contenant. En contraste, la phase initiale de fuite/recherche était, à cet égard, mieux délimitée : les pensées se focalisaient sur les raisons du suicide, éventuellement sur la recherche de coresponsables, la souffrance était d'une telle intensité qu'il était difficile de se concentrer sur autre chose. Beaucoup d'énergie était alors mobilisée dans une seule et unique direction. Aujourd'hui, après plusieurs mois où on espérait que la vie pouvait redevenir « comme avant », on constate que les réserves sont à sec ; les forces vives de son être font défaut : on se sent vide, creux, sans ressort, sans aucune perspective.

On se sent surtout profondément seul, comme si c'était seulement maintenant qu'on prenait la pleine mesure de l'absence. Au plus profond de soi, on sait dorénavant que cette personne qu'on a perdue ne reviendra plus jamais et la conscience de cette irréversibilité s'impose en force. En même temps, la douleur prend une autre tonalité : elle devient plus sourde, plus cachée, plus intime, alors qu'extérieurement on apprend progressivement à se montrer plus présent, plus en lien avec les autres, mais sans se leurrer soi-même sur la réalité du visage social qu'on présente à tous. La phase de déstructuration s'initie habituellement entre six et dix mois après le décès d'un être cher. Cependant, dans le cas du suicide, il n'est pas rare qu'elle ne débute que beaucoup plus tard, jusqu'à un an et demi après le décès.

Il est essentiel de connaître cette phase ; cela permet de ne pas se laisser surprendre quand elle commence à se manifester. Elle vient en effet à l'encontre de l'idée qu'« avec le temps, ça ira mieux ». On constate que c'est tout le contraire qui se passe ! Pendant les premiers mois de la phase de fuite/recherche, on faisait tout pour préserver le lien avec la personne disparue et, d'une certaine manière, on n'allait pas si mal que ça, mais, au fil du temps, on se rend compte de l'irréversibilité de son absence et ce constat est un véritable choc ! On a l'impression de s'enfoncer, alors qu'on pensait que le plus difficile était derrière soi ! Or la vérité est que non, ça ne va pas aller mieux avec le temps qui passe – du moins, pour le moment : la phase de déstructuration semble en effet être un retour en arrière où on a l'impression de souffrir encore plus qu'au début ! Il ne faut pas s'en inquiéter néanmoins : c'est l'évolution normale du processus de deuil qui, rappelons-le, ne suit pas une logique linéaire.

Le vécu dépressif

Parfois, je ne parviens plus à maîtriser cette douleur. Une vanne lâche au moment où je m'y attends le moins. C'est effrayant les premières fois car on ne comprend pas ce qui se passe. Quand cela m'est arrivé, j'étais en réunion professionnelle, j'ai dû partir précipitamment pour m'isoler et laisser passer la vague de douleur.

Quand j'ai repris le travail, je ne me sentais pas du tout à la hauteur, ni physiquement ni psychologiquement. J'étais affolée par l'ampleur des responsabilités et par l'énergie que me demandait mon travail. J'étais à bout de forces.

Ma belle-mère est restée pendant des mois à pleurer dans le noir, à regarder les photos et les vidéos de son fils. Elle y a passé des jours et des nuits. Elle a refusé toute l'aide qu'on a pu lui proposer. Elle a un autre fils et il s'est senti complètement exclu quand sa mère disait qu'elle n'avait plus de raison de vivre.

Ce ressenti dépressif est le cœur de la souffrance de cette troisième phase du deuil. Je considère même que c'est le temps le plus difficile de tout le chemin du deuil. Ce temps dépressif donne vraiment l'impression que la vie a, à tout jamais, perdu sa saveur et qu'il n'y a plus qu'à se traîner ainsi, d'année en année, jusqu'à la mort.

> Après le suicide de mon frère, ma mère m'a dit : « Je suis condamnée à vivre. » Elle est devenue amère, aigrie, sans aucun intérêt pour autrui, il n'y a plus dans sa vie que son malheur d'avoir perdu un fils par suicide. C'est tout, plus rien d'autre n'existe, même pas nous, ses autres enfants.

À ce moment-là du deuil, il paraît impossible d'imaginer qu'on puisse, un jour, sortir de cet état. Et pourtant, on va y parvenir ; il faut s'ancrer dans cette conviction, même si tout tend, en soi, à prouver le contraire. Des milliers de personnes ont traversé cette même épreuve et ils sont là pour témoigner qu'on ne reste pas dans cette souffrance-là. N'oubliez jamais que le deuil est un processus sans cesse évolutif, ce n'est pas un état fixe et immuable, même si on a l'impression qu'il en sera toujours ainsi. Ce qui est essentiel à comprendre, c'est que, si douloureux soit-il, ce vécu dépressif signe le déroulement normal et naturel du deuil. Paradoxalement, sa survenue peut être considérée comme une « bonne nouvelle » car cela montre que le processus se déroule harmonieusement.

Vécu dépressif et dépression clinique

Une distinction importante s'impose néanmoins : « vécu dépressif au cours du deuil » ne signifie pas pour autant « dépression clinique », cette dernière étant une complication du processus normal.

La différence entre les deux est souvent difficile à établir car « vécu dépressif » et « dépression » s'inscrivent dans un même continuum psychique et cette confusion est à l'origine de prescriptions médicamenteuses la plupart du temps inappropriées.

Qu'est-ce donc que ce « vécu dépressif » et en quoi est-il différent de la « dépression » ?

La présence d'un vécu dépressif (et a fortiori d'une dépression) pose la question des médicaments. Bon nombre de personnes en deuil se voient en effet prescrire un traitement antidépresseur à ce stade du deuil. Qu'en est-il de la pertinence d'une telle prescription ?

Il est possible tout d'abord que cette question prenne, pour vous, une résonance particulière si la personne disparue souffrait elle-même d'une dépression et qu'elle prenait un traitement. Il est compréhensible d'avoir, à l'égard des médicaments, une attitude de défiance, dans la mesure où ils se sont révélés impuissants à empêcher le passage à l'acte (on sait qu'environ 70 % des personnes déprimées tirent bénéfice d'un traitement antidépresseur). L'enjeu, pour vous, est de savoir si vous en acceptez la prescription, dans le cas où votre médecin poserait un diagnostic de dépression. Incidemment, il serait, dans ce cas, judicieux de ne pas se voir prescrire le même médicament que la personne disparue ; un tel rappel est inutile...

Il n'y a pas de réponse univoque à la question « Quand prendre un antidépresseur ? » car chaque situation est unique. De manière générale, on peut dire que la dépression clinique nécessite une prescription d'antidépresseur, alors que – a priori – le vécu dépressif ne le justifie pas. Mais il faut nuancer : prenons l'exemple d'une jeune femme avec trois enfants en bas âge qui doit reprendre une activité professionnelle après le suicide de son mari. Il y a urgence pour cette femme à gagner de nouveau de l'argent pour payer le loyer et nourrir les enfants car elle découvre que son conjoint n'a rien prévu pour eux, au niveau matériel. Quelques mois après le décès, elle commence à présenter des éléments dépressifs de l'ordre du vécu dépressif, mais ceux-ci ont une intensité suffisamment forte pour parasiter de façon préoccupante sa réinsertion professionnelle : elle dort mal, ne mémorise rien, n'a pas d'énergie pour faire face au stress de sa nouvelle situation, elle se sent irritable, fragile et rapidement submergée par les événements. Elle n'est peut-être pas « déprimée », au sens de « dépression clinique », mais sa situation demande des mesures particulières et en accord avec ses priorités : elle a besoin d'être « opérationnelle » professionnellement ! Il peut donc être utile de discuter avec elle de l'opportunité d'un traitement antidépresseur, parallèlement à un soutien psychologique, pour l'aider à franchir ce cap difficile.

Vécu dépressif	Dépression clinique
Éléments communs : Troubles du sommeil et/ou de l'appétit ; fatigue prolongée (asthénie) ; perte d'intérêt globale ; tristesse ; difficultés de concentration, de mémorisation (impression de « tête vide ») ; baisse de la libido…	
	Les symptômes sont d'une intensité particulièrement marquée. De plus il existe un vécu intérieur particulièrement douloureux lié à : – une culpabilité prolongée, intense, envahissante, voire « illégitime » et/ou – une baisse sévère de l'estime de soi avec des idées d'indignité, de dévalorisation importance et/ou – un sentiment durable et profond de perte majeure du sens de la vie. Ces éléments se retrouvent fréquemment dans le deuil après suicide et il semble, en effet, que ce dernier soit un facteur de risque de complication dépressive. Néanmoins, il serait totalement faux d'affirmer que toute personne en deuil après un suicide souffre systématiquement d'une dépression, l'un des critères précédents, pris isolément, ne suffisant pas pour parler de dépression.
Le vécu dépressif concerne toutes les personnes en deuil. Il est normal et même nécessaire au processus [illegible]	Seulement quelques personnes font l'expérience de la dépression au cours de leur deuil.

en œuvre reste peu élaborée dans le vécu dépressif. Ce désir est également fluctuant en fonction des circonstances.	La dépression majeure induit souvent des idées suicidaires persistantes. Le risque de passage à l'acte est d'autant plus important qu'un scénario précis est élaboré et que la personne en deuil travaille activement à sa mise en œuvre (achat de médicaments, mise en ordre de ses affaires…).
Même au cœur du vécu dépressif, il persiste toujours un minimum de fonctionnement affectif, social, professionnel. Il est relativement satisfaisant, en dépit des efforts qu'il nécessite et de la lourdeur à faire face aux exigences du quotidien.	À long terme, on observe une perturbation importante – voire une inhibition complète – du fonctionnement intellectuel, affectif, social, professionnel, avec toutes les conséquences qui en découlent (isolement majeur, incapacité professionnelle avec menaces de licenciement…). Malgré tous ses efforts, on ne parvient plus à reprendre le dessus.
Le vécu dépressif évolue normalement par « vagues » successives, alternant des gouffres de désespoir et des temps de répit où on parvient à faire face (ces vagues tendent à décroître en fréquence et en intensité au fil du temps, même si elles persistent parfois pendant des mois ou des années).	Le vécu douloureux de la dépression est la plupart du temps continu, sans rémission ; il a tendance à s'aggraver avec le temps. Il existe très rarement des instants de paix et on se sent incapable de les apprécier…
Même si la tonalité générale est triste et pesante, on reste sensible et « réactif » aux événements heureux. Il persiste une relative capacité à envisager l'avenir et, après quelque temps, de nouveaux projets.	Dans la dépression, il existe une indifférence profonde et prolongée et/ou une perte de toute réactivité face aux événements heureux. L'avenir semble irrémédiablement bouché, sans issue possible.
Le vécu dépressif, en tant que réaction « normale » au cours du deuil, se gère le plus souvent seul, avec l'aide de l'entourage et/ou d'associations. Il ne nécessite pas de traitement médicamenteux spécifique.	La dépression ne cesse pas d'elle-même. Elle nécessite un suivi psychologique et souvent médicamenteux.

À l'inverse, une autre personne présentant les mêmes symptômes (tout en restant dans le cadre du vécu dépressif), mais qui n'est pas dans la même urgence, pourra tirer plus de bénéfices d'une prise en charge uniquement psychologique – dans le cadre d'un suivi individuel de deuil ou d'un groupe d'entraide – que d'une prescription médicamenteuse.

Le médecin prescripteur doit donc faire preuve de bon sens. Il doit procéder à une analyse de la situation dans sa globalité : les circonstances du décès, les signes éventuels de PTSD, les antécédents de dépression, la qualité du réseau de soutien de la personne en deuil... Cela lui permettra d'évaluer les éventuels facteurs de risque de dépression clinique. La prescription systématique de médicaments ne se justifie pas dans le cas d'un deuil non compliqué par une dépression clinique.

Il existe peu de données sur l'effet des antidépresseurs au cours du deuil. Certains affirment qu'ils ralentissent le processus, voire l'inhibent, mais qu'il réapparaît de plus belle à leur arrêt – ce qui n'est pas encore prouvé formellement. Il est connu néanmoins que certaines personnes en deuil sous antidépresseur (à tort ou à raison) décrivent des difficultés à vivre pleinement les émotions du deuil : « Je n'arrive pas à pleurer, alors que je sens que ça me ferait du bien. Je me sens loin de ma peine et je ne parviens pas à l'approcher ! » Dans ce cas et face à un tel émoussement des émotions naturelles du deuil, l'antidépresseur peut être un obstacle plutôt qu'une aide.

Il est évident que l'antidépresseur aura un effet positif sur le vécu dépressif d'une personne en deuil (puisque le vécu dépressif et la dépression ont des territoires communs). Cependant, le danger est de trop médicaliser un processus qui n'a pas en soi besoin de l'être. Ce qui est à proscrire, c'est la prescription systématique d'un antidépresseur dès les tout premiers temps du deuil (lors des obsèques par exemple), quand, à la rigueur, un anxiolytique serait plus indiqué. La difficulté, pour le médecin, est qu'une fois l'antidépresseur prescrit, le patient refusera souvent de l'arrêter car il redoutera d'être submergé par la douleur. Cela risque de l'amener à reconduire inutilement une prescription pendant des années, alors même qu'elle n'était pas justifiée initialement.

Il ne faut pas non plus tomber dans l'autre extrême qui serait de refuser tout antidépresseur à une personne en souffrance parce qu'elle ne présente pas tous les critères de dépression clinique ! On vient de le voir avec le cas de la jeune femme qui doit reprendre son travail. Dans tous les cas, s'il y a prescription de médicament, cela doit obligatoirement se faire dans le cadre d'une approche « stratégique » qui intègre la prescription dans une démarche globale de prise en charge du deuil. La première composante de cette approche est l'accueil de la parole, l'écoute attentive et répétée de ce cœur qui a mal. C'est accorder son plein espace au travail de deuil et à l'expression des émotions qui en sont la trame. Si l'antidépresseur rend possible ou accompagne cette verbalisation de la peine, alors il remplit sa fonction ; il est un outil dans la panoplie des aides disponibles pour les personnes en deuil, sans devenir une fin en soi.

Ainsi, si votre médecin vous a prescrit un antidépresseur quelque temps après le décès, il a ses raisons, mais il est toujours utile d'en reparler avec lui pour bien comprendre le sens de cette prescription. Il ne faut surtout pas arrêter brutalement votre traitement car vous vous exposez à des effets secondaires liés au sevrage du médicament. Cela ne peut se faire que progressivement, sous le contrôle de votre praticien. Il est important également d'envisager avec lui la durée de ce traitement pour ne pas partir sur des années de prescription, et de définir les modalités de son arrêt. Cette conversation peut être aussi l'occasion d'explorer les autres formes d'aide disponibles : associations, groupes d'entraide, entretiens individuels... Au bout du compte, ce n'est qu'à l'issue d'un réel échange et d'une écoute authentique que le médicament trouvera – ou pas – sa raison d'être dans le vécu de votre deuil.

La tentation suicidaire

> Ma mère s'est suicidée l'an dernier. Mon frère s'est suicidé cinq mois plus tard et ma petite sœur vient de faire une tentative de suicide. Je ne me sens pas moi-même suicidaire mais cette réaction en chaîne m'inquiète.

Est-il vrai que les proches en deuil d'une personne suicidée ont plus de risque de se suicider eux-mêmes ? Les études semblent affirmer que oui : le risque de passage à l'acte est statistiquement plus important. Cependant, il faut être prudent avec les mots, afin de ne pas s'affoler inutilement : « risque potentiel » ne signifie pas « destin inéluctable ». En effet, s'il y a passage à l'acte suicidaire après le décès d'un proche, le suicide initial ne peut être qu'un élément de la dynamique suicidaire, même s'il est déterminant. Nous avons déjà vu combien le processus suicidaire est complexe ; il ne peut, en aucune façon, se réduire à un seul paramètre. La preuve en est que toute personne qui perd un proche par suicide ne se suicide pas elle-même.

Avant d'aller plus loin, il est important d'inclure dans notre réflexion ce qu'on nomme les « équivalents suicidaires » : sans être d'authentiques tentatives de suicide, ces comportements n'en ont pas moins le même sens. Il s'agit de toutes les attitudes dites « à risque » où l'on se met en danger, à quelque niveau que ce soit : physiquement, psychologiquement, socialement, professionnellement... Pour certains, cela se traduira par le fait de conduire à toute allure sur une route de campagne en état d'ébriété ; pour d'autres, ce sera l'arrêt d'un traitement médical indispensable à leur santé (pour le diabète ou l'hypertension artérielle par exemple) ; certains vont s'immerger dans l'alcool ou les drogues dures, quand d'autres vont délibérément se mettre en échec professionnel en démissionnant sur un coup de tête, sans solution de repli. Toutes ces situations ont en commun le désir inconscient de « lâcher la rampe », d'en finir au plus vite, afin de mettre un terme à une vie qui a perdu son sens et sa valeur. Elles ont le même sens que les véritables tentatives de suicide.

Comprendre le risque suicidaire

> Mon mari a eu sa vie gâchée par le suicide de son père, alors je ne comprends pas qu'il ait pu lui-même prendre la décision de se tuer, en sachant l'impact que cela aurait sur ses propres enfants. Il a tant souffert après la mort de son père ! Et pourtant, il n'a pas hésité à faire subir la même chose à ses enfants. C'est totalement incompréhensible pour moi, totalement inadmissible.

Que se passe-t-il alors ? Comment comprendre cette spirale suicidaire qui parfois emporte les proches d'une personne suicidée ?

Arrêter la souffrance

C'est la première – et souvent l'unique – motivation. La mort est perçue comme le seul moyen de mettre fin à la souffrance. On comprend alors ce qui a conduit au suicide la personne qu'on aimait : on vit aujourd'hui la même détresse ; on se sent animé par la même détermination...

« La goutte qui fait déborder le vase »

Une autre hypothèse est que le suicide de la personne aimée est, en fait, « la goutte qui fait déborder le vase » car il survient dans un contexte familial ou personnel déjà en crise au moment du suicide : il achève de déstabiliser un équilibre intérieur rendu déjà très précaire soit par la maladie (physique ou mentale), soit par un deuil antérieur, soit encore par de graves conflits relationnels. Le suicide initial et la douleur qui en découle ne sont alors que l'étincelle qui met le feu aux poudres, au point que certains proches en deuil prennent à leur tour la voie de l'autodestruction. Pourquoi choisir le suicide ? On peut imaginer que la personne décédée a ouvert un chemin jusque-là impossible : en se suicidant, elle a brisé un tabou. Un interdit, une sorte de verrou social est levé. Ce qui était inimaginable le devient dorénavant et le suicide apparaît comme une alternative légitime pour apaiser son mal-être.

La « contagion » suicidaire

Un autre paramètre assez spécifique du suicide intervient également : c'est ce qu'on appelle la « contagion suicidaire ». Les informations rapportent parfois ces vagues de tentatives de suicide qui s'abattent sur les lycées ou les collèges quand un élève se suicide : plusieurs élèves du même établissement tentent de mettre fin à leurs jours de façon plus ou moins élaborée. Ce constat est en train de donner naissance à des protocoles d'interventions – dites de « postvention » – au sein des établissements scolaires où s'est déroulé un suicide : une équipe de psys spécialement formée intervient sur place pendant quelques jours, d'une part pour aider les élèves et les professeurs à amortir la violence du traumatisme, d'autre part pour identifier et apporter aide et soutien aux adolescents « à risque » de passage à l'acte suicidaire pour eux-mêmes. Il faut souligner que ce phénomène de « contagion suicidaire » ne se limite pas aux lycéens ou collégiens, on peut le retrouver dans toutes les collectivités (casernes de militaires, prisons, etc.).

Retrouver la personne disparue

Nous avons vu plus haut que les premiers temps du deuil se caractérisaient par le désir irrépressible de préserver le lien avec la personne disparue. Tout est bon pour atteindre cet objectif : porter ses vêtements, couvrir de ses photos tous les murs de la maison, ne rien toucher dans sa chambre et préserver ainsi sa présence, parler d'elle encore et encore. Si on pousse à l'extrême cette logique, il peut paraître sensé à la personne en deuil de restaurer le lien en empruntant, à son tour, la voie du suicide. Cela peut aller jusqu'à une véritable identification au défunt, en faisant sien son propre destin. Ce désir de proximité par la reproduction du geste renvoie aussi au besoin de comprendre ce qui s'est passé : en s'engageant dans une même démarche suicidaire (voire en utilisant des moyens similaires), elle est au plus proche de ce qu'il a vécu. En même temps, elle se donne peut-être ainsi la possibilité de comprendre intimement ce qui s'est passé en lui quand il est passé à l'acte : une mère raconte, par exemple, avoir tellement eu besoin de se rapprocher des circonstances du décès de sa fille qu'elle s'est elle-même retrouvée, un jour, avec un revolver braqué sur sa tempe. Le besoin fondamental qui s'exprime ici est de retrouver la personne décédée, afin de lui parler, de lui donner son amour, de recevoir son pardon ou au contraire de le lui accorder ; par cette ultime réunification avec le proche décédé, on nourrit l'espoir de comprendre le véritable « pourquoi » de cette tragédie et d'apaiser enfin ces questions sans réponses. Il faut être très prudent avec soi-même si on se sent entraîné dans une telle direction. Incidemment, le désir suicidaire étant souvent réel, il est sage de ne pas avoir à proximité de soi un moyen de passer à l'acte impulsivement (une arme à feu, trop de médicaments...). C'est une précaution pour ne pas se mettre en danger, si ce désir devient trop fort.

La dynamique de la phase de déstructuration

Au regard de ce qui précède, vous pourriez avoir l'impression que la phase de déstructuration n'est que dépressive. C'est faux bien sûr : nous avons abordé la culpabilité et la colère dans des chapitres séparés mais on les retrouve également au cours de cette troisième étape du deuil. Elles contribuent d'ailleurs fortement au vécu dépressif.

Il serait tout aussi erroné de croire que cette phase n'est que souffrance : elle est également ponctuée de temps de répit où la douleur se fait moins vive. Le ressenti intérieur évolue en fonction de certaines dates du calendrier qui, chaque année depuis le décès, prennent un sens et une coloration particulière : les vacances, les fêtes de fin d'année, les anniversaires..., chaque date étant susceptible de réactiver des souvenirs douloureux, comme la date anniversaire du décès, tant redoutée la première année... Ainsi, il est possible, par exemple, un an et demi après le décès, de partir une semaine en vacances avec les enfants et d'en profiter pleinement... pour se retrouver à nouveau au fond du trou trois semaines plus tard. Cela n'a rien de surprenant si on connaît la dynamique du deuil. Celui-ci évolue en effet par oscillations successives : je vais bien-je vais mal-je vais bien-je vais mal, etc. Ces « vagues » très rapprochées dans les premiers temps du deuil – on passe du « un peu mieux » au « pire » mille fois par jour ! – ont tendance à devenir plus amples au fil du temps. Ainsi, on peut se sentir un peu mieux pendant une semaine et se retrouver au plus mal la semaine suivante. Si on intègre cette donnée, on parvient à mieux amortir les moments de plus grande douleur car on sait que c'est dans la logique du processus et qu'ils ne durent pas. Mais, attention : ce qui est vrai pour la souffrance l'est aussi pour les moments de répit, eux non plus ne durent pas. Quand on va mieux, il faut « capitaliser » ce temps d'apaisement, en en jouissant du mieux possible ; quand on va mal, il faut s'ancrer dans l'idée que ce temps de souffrance est transitoire, comme tout le reste du processus...

Combien de temps va prendre la phase de déstructuration ? C'est difficile à dire : sa durée et son intensité sont très variables d'un individu à l'autre, mais on peut dire qu'elle se chiffre de toute façon en années. Pour prendre un terme cinématographique, on pourrait dire que la transition entre la phase de déstructuration et la phase suivante, la quatrième phase du deuil, dite « de restructuration », ressemble à une sorte de « fondu enchaîné » très subtil. Très progressivement, les instants de paix et d'ouverture prennent le pas sur les instants de profonde détresse, jusqu'à ce que le rapport s'inverse et que finalement prédominent les moments de reconstruction intérieure. Nous y reviendrons plus tard...

7

LA RELATION AVEC AUTRUI

> J'ai l'impression d'être en décalage par rapport à autrui. Vous savez, après un suicide, on ne se sent plus à sa place dans la société. On se sent « ailleurs », « à côté », dans un autre lieu où on se demande comment on va réussir à vivre. Ça fait mal de ne plus savoir comment exister avec les autres.

Le deuil est un voyage intérieur qu'on ne peut dissocier du regard d'autrui. Qu'on le veuille ou non, ce regard participe à la façon de vivre la peine, même si on se dit affranchi de ce que les gens pensent. Nous sommes en trop grande interaction avec notre entourage et avec le monde extérieur pour qu'il puisse en être autrement.

Quand le suicide survient, le regard d'autrui se charge d'une pesanteur qu'on aurait voulu éviter. On peut voir là l'héritage du passé : pendant de nombreux siècles, en effet, le suicide fut puni par la loi. Les personnes qui tentaient d'attenter à leurs jours étaient traduites en justice, encourant des peines d'emprisonnement ou des châtiments corporels. S'il y avait bel et bien suicide, le défunt était excommunié de façon posthume et privé de sépulture religieuse. Ses proches subissaient également les conséquences de son acte : ils se voyaient dépossédés des biens du défunt et devaient subir le joug de la stigmatisation sociale.

Les mentalités ont changé et il est vrai qu'aujourd'hui l'impact du suicide sur la famille en deuil n'est plus aussi lourd socialement, mais un certain niveau de réprobation sociale persiste dans l'inconscient collectif. Ces « reliquats » peuvent influencer le vécu intérieur. Ce chapitre va donc explorer les conséquences du regard d'autrui sur le processus de deuil après suicide, que la pesanteur de ce regard soit réelle ou supposée.

Quand la relation avec autrui fait mal

Le constat quasi général des personnes en deuil après un suicide est unanime : l'attitude d'autrui à leur égard change, irrémédiablement, pour le meilleur ou pour le pire.

Le pire, c'est de lire la crainte, la peur ou encore l'évitement dans les yeux de ceux qu'on rencontre. Rien n'est dit, mais c'est tout comme.

> J'ai soudain réalisé que les gens avaient peur de moi : peur de me parler, peur de ne pas savoir quoi

dire. J'ai même vu des gens changer de trottoir pour ne pas avoir à me dire bonjour.

Même si, la plupart du temps, c'est la gêne qui préside à ces réactions d'évitement, il n'empêche qu'elles sont d'une violence telle qu'il est difficile de les « amortir » sereinement. De fait, privés de repères sociaux sur la façon de se comporter vis-à-vis de quelqu'un d'endeuillé par le suicide, les gens se sentent démunis et certains prennent le parti de la fuite. Parfois, une certaine malveillance malheureusement s'installe et, par ouï-dire, on en reçoit l'écho détourné : il est pénible, par exemple, d'apprendre, au détour d'une conversation, que telle ou telle personne considère qu'on « porte la poisse » et préfère en conséquence nous maintenir à distance. Le choc est dur à encaisser.

Sans tomber dans ce travers et même s'il est clair qu'autrui n'est pas fondamentalement animé de mauvaises intentions, il n'est pas rare que certains amis ou proches soient fondamentalement... maladroits ! Les personnes que j'ai interrogées ne tarissent pas d'exemples sur ces paroles « malheureuses » émanant de leur entourage.

Juste après le décès de ma fille, j'ai appelé mon meilleur ami. Aussitôt, il m'a répondu : « Elle s'est tuée parce qu'elle ne pouvait pas vivre. » Ça m'a scié ! Un commentaire sur la mort de mon enfant n'était pas ce que j'étais venu chercher auprès de lui !

Au nom de quoi se permettait-il cela ? Je n'ai pas pu aller plus loin et j'ai coupé court à notre amitié.

Incidemment, voici une nouvelle caractéristique de ce deuil : il est en effet étonnant de constater que le suicide semble autoriser autrui à poser des questions ou à faire des commentaires qu'il ne se permettrait pas dans d'autres circonstances.

Ce qui m'a surprise, c'est que tout le monde était dans une tentative de réponse ou d'explication. Le fait tragique qu'il soit mort ne leur suffisait pas : il leur fallait une explication. J'ai d'ailleurs ressenti une curiosité malsaine chez certaines personnes.

À un degré supérieur, ces paroles « malheureuses » deviennent insupportables quand elles se colorent de jugements de valeur sur l'acte lui-même ou sur la personne décédée : « Il n'a pas pensé à toi ! » « Elle était trop centrée sur elle-même pour penser à la souffrance qu'elle allait t'infliger. » « Quel malheur ! Ton fils t'a gâché ta vie ! » « Ma pauvre chérie, mais qu'as-tu fait pour mériter cela ? » « Heureusement que tu as d'autres enfants. Eux, au moins, sont sains ! » On n'a pas vraiment besoin d'entendre de telles paroles. Certes, il existe le désir de « secouer » la personne en deuil, dans l'espoir de la faire réagir positivement, mais le résultat n'est pas du tout celui escompté ! Ces commentaires et attitudes d'autrui trouvent chez la personne endeuillée un écho particulier et ce d'autant plus que la culpabilité effectue déjà son travail de sape.

J'ai honte

La honte peut faire partie du processus de deuil après un suicide, si étonnant que cela puisse paraître à certains d'entre vous. Tout comme la colère ou la culpabilité, elle n'est bien sûr pas obligatoire et nombreux sont ceux qui ne l'éprouveront jamais ; mais, si c'est le cas, elle constitue un fardeau supplémentaire et un point d'ancrage significatif à la douleur du deuil.

> Très rapidement, je me suis surprise à penser : « Qu'est-ce que les gens vont penser de moi ? » Je craignais les ragots du genre : « Ça se passait mal dans leur couple. Elle n'a rien vu venir. Elle le trompait certainement et il ne l'a pas supporté. » Je sais que des gens l'ont pensé... et qu'ils le pensent encore !

> Ma belle-mère est restée trois mois sans sortir de chez elle ! Trois mois sans même aller chercher son courrier, de peur de croiser quelqu'un dans la rue. Elle portait en elle une honte énorme et ne cessait de répéter : « Qu'est-ce que les gens vont penser de moi, maintenant que mon fils s'est suicidé ? »

La honte a la même racine étymologique que « honnir » : vouer quelqu'un à la honte publique, à la désapprobation générale. Elle a pris le sens de déshonneur au XIe siècle. Le sentiment de honte émerge quand on montre à autrui une image de soi dégradée et dévalorisée par rapport à celle qu'on voudrait donner. La honte est donc en lien direct avec l'image de soi et la façon dont on pense être perçu par autrui. Elle résulte de la conviction d'être vu par autrui de façon négative : « J'ai l'impression que tout mon être est exposé et jugé. C'est comme si toutes mes failles étaient mises au jour. » On n'a alors qu'une envie : se cacher, se soustraire aux regards ! Alors que la culpabilité renvoie à une « faute » qu'on aurait commise, mais qui n'engloberait pas nécessairement la totalité de sa personne, la honte va plus loin : elle remet profondément en question la personne dans son ensemble. À cet égard, la honte est psychiquement plus nocive que la culpabilité.

Les dangers de la projection

Parfois, il n'y a pas d'ambiguïté : on est très directement la cible du jugement d'autrui ; la condamnation est explicite. Dans d'autres circonstances, en revanche, c'est beaucoup moins clair : on se sent jugé, mais rien ne dit qu'on l'est véritablement. C'est là où le mécanisme psychique de la projection entre à nouveau en jeu. Rappelez-vous : la projection, c'est « penser à la place des autres », en leur attribuant des pensées qu'ils n'ont pas, tout en étant convaincu qu'ils ont effectivement les pensées qu'on leur prête (dans le cas présent, on attribue à autrui des pensées empreintes de critiques ou de jugement). Or ce n'est pas le regard des autres qui est en soi porteur de honte, c'est la coloration, ou le sens, qu'on donne à ce regard qui fait qu'on éprouve, ou pas, de la honte. Ce dont nous ne nous rendons pas compte, c'est que, très souvent, c'est nous-mêmes qui nous condamnons inconsciemment ! Et c'est cette image négative de nous-mêmes que nous projetons sur autrui.

L'exemple suivant illustre cette dynamique : voici une mère dont le premier enfant s'est suicidé. Au fil du temps, elle constate que les autres parents lui confient de moins en moins leurs propres enfants pour que ceux-ci viennent jouer le mercredi avec sa petite dernière. Persuadée elle-même qu'elle a été une mauvaise mère parce que sa fille aînée s'est suicidée (point de départ inconscient de sa projection), elle en vient à la conclusion (erronée) que les autres parents la considèrent comme incapable de prendre soin d'un enfant puisque sa propre fille s'est tuée ! Elle en éprouve, en silence, honte et colère. Des mois plus tard, lors d'une conversation à cœur ouvert, un parent lui confie qu'après le décès de l'enfant, il n'osait plus lui envoyer sa propre fille, de crainte que sa présence ne réactive chez elle, jeune mère en deuil, la douleur d'avoir perdu un enfant. Un autre parent lui explique qu'elle ne voulait pas être intrusive en lui imposant la charge de trop d'enfants : « Je pensais que tu avais besoin de calme et de solitude, mais que tu n'osais pas nous le dire ! » Cette mère ne se trompait pas quand elle constatait que les autres parents ne lui confiaient plus leurs enfants, mais c'est son interprétation qui était fausse : au bout du compte, personne ne la condamnait, si ce n'est elle-même ! Ne remettant pas en question la pertinence de son interprétation, cette jeune femme est restée, pendant des mois, convaincue que les autres l'excluaient, alors qu'ils essayaient seulement de la préserver ! Le témoignage qui suit illustre la même problématique :

> Je me suis longtemps sentie rejetée par mes amis. Plus tard, ils m'ont dit ce qu'ils ressentaient et j'ai compris que cela n'avait rien à voir avec de la condamnation ! J'ai compris que ce n'était que mon propre vécu de honte et de culpabilité qui me faisait sentir rejetée par eux. Je réalise aujourd'hui combien ils tenaient à moi, alors que j'étais totalement incapable de le voir tellement j'étais blessée et vulnérable. Je voyais et interprétais tout à travers le prisme de ma propre souffrance.

Les « cognitions négatives »

Ainsi, le vécu de la honte se nourrit de lui-même et tend à conforter le regard négatif qu'on porte sur soi après le suicide. Il en découle l'élaboration plus ou moins inconsciente de ce qu'on appelle des

« cognitions négatives ». Ce sont des pensées ou des jugements très négatifs sur soi-même qui ont le fâcheux pouvoir d'influencer les comportements et attitudes de la personne en deuil. C'est là la « toxicité » psychique de ces cognitions négatives : n'étant pas remises en question (car elles sont considérées comme des « vérités »), elles conditionnent, de manière péjorative, les interactions avec autrui.

Prenons donc le temps de nous arrêter sur quelques-unes de ces cognitions négatives. L'objectif ici est le même que pour la colère et la culpabilité : c'est en identifiant les cognitions négatives qu'on parvient à remettre en question leur pertinence et leur influence sur soi. Quand elles deviennent plus conscientes, on peut activement travailler à en réduire l'impact négatif dans sa vie de tous les jours.

« Mon proche était fragile psychologiquement. Je suis donc moi-même fragile »

L'idée que seules les personnes « folles » ou instables psychologiquement se suicident peut insidieusement induire, en soi, la notion qu'on est soi-même potentiellement fragile. On redoute qu'autrui pense de même. Ainsi, sans pour autant devenir « parano », il n'est pas rare de se retrouver à l'affût du moindre regard furtif de la part de son entourage (les voisins, les collègues...) qui constituerait la preuve qu'on est effectivement considéré comme quelqu'un « à problèmes ».

> Mes enfants ont mis très longtemps à dire que leur père était mort par suicide. Ils m'ont dit qu'ils avaient honte d'en parler de peur qu'on les considère eux aussi comme « anormaux ».

Pour contrecarrer cette impression, certains s'imposent à eux-mêmes de prouver aux autres qu'ils sont au-delà de tout soupçon. Il en découle le désir obsédant de se montrer à autrui « hypernormal » ou « hyperconforme », tant ils se trouvent hantés par la peur du moindre faux pas qui objectiverait leurs « failles ». Voulant à tout prix se démarquer du proche suicidé, ils se placent eux-mêmes sous une bien trop stricte surveillance, au risque de s'interdire toute spontanéité.

« Il y a une tare dans la famille »

> Dès l'annonce du décès de Paul, ma mère s'est inquiétée : « Mais qu'est-ce qu'on va bien pouvoir raconter aux gens ? Un suicide dans notre famille ! Quelle déchéance ! C'est le drame ! » Sa réaction m'a mis hors de moi !

Dans la suite de la cognition négative précédente, c'est la totalité du cercle familial qui est là perçu négativement : « Nous sommes défaillants ; notre famille est marquée au fer rouge. » Pour certains proches, le suicide est vécu comme une humiliation qui jette la disgrâce et le déshonneur sur toute la famille. Ce ressenti n'est malheureusement pas qu'un fantasme. Il ne faut pas oublier que, par le passé, cette stigmatisation sociale était tout à fait réelle. La survenue d'un suicide marquait la famille du sceau de l'infamie et rendait difficile, voire impossible, les mariages en son sein : il n'était pas recommandable de se lier à des gens dont la santé mentale pouvait être sujette à caution.

« Je manque de jugement et de discernement. Je ne suis pas quelqu'un de fiable »

> Pendant trois ans, je n'ai pas dit aux gens que je rencontrais que mon mari s'était suicidé. J'avais honte ! Tellement honte d'être identifiée comme quelqu'un qui avait choisi comme compagnon un tel homme et qui n'avait pas vu qu'il allait si mal.

On est là en train de se dire qu'on n'est pas fiable et qu'il n'est peut-être pas prudent de se faire confiance ou qu'autrui nous fasse confiance. On interroge la pertinence de ses choix : comment ai-je pu me tromper de façon si flagrante dans mon choix de partenaire ? Si je suis capable d'un si piètre discernement, quelle image de moi cela véhicule-t-il à autrui ? De là jaillit la crainte et/ou la honte d'être perçu comme quelqu'un dont le jugement ou l'intelligence font question. Par ailleurs, l'estime de soi est directement affectée quand on se désigne comme « inconséquent », « futile » ou « tête en l'air », certains même n'hésitant pas à se qualifier de « dangereux », dans le sens où ils se reprochent d'avoir été incapables d'intervenir, alors qu'une tragédie s'élaborait juste sous leurs yeux. On mesure alors combien une telle cognition négative est capable d'ouvrir la porte à une préjudiciable dévalorisation de soi.

« Je suis à tout jamais différent des autres »

La honte peut aussi venir du seul sentiment de ne plus être « comme les autres ». Des gens m'ont confié que le suicide leur avait comme dérobé le droit d'être comme tout le monde. Même si ce n'est objectivement pas le cas, ils se sentent néanmoins honteux et montrés du doigt.

> Je n'osais pas dire comment mon mari était mort car aussitôt les gens me regardaient différemment. Ce qui m'était insupportable, c'est que j'avais l'impression d'être la bête curieuse, vous savez, « la femme dont le mari s'est suicidé ». Le suicide, ça fait peur, mais ça intrigue aussi. J'ai le sentiment qu'on m'a collé des tas d'étiquettes sur le dos.

> Quoi qu'on dise, on se sent différent. On a vécu quelque chose qui nous met à part des autres et ils ne peuvent pas comprendre. Pendant longtemps, j'ai eu honte ; aujourd'hui, c'est passé parce que j'ai compris qu'il n'y a pas de quoi avoir honte, mais pendant plusieurs mois, j'ai eu l'impression que les

gens parlaient de moi et de mon fils. J'avais peur d'être jugée en tant que mère.

Se sentir « différent » peut conduire à l'auto-exclusion, la honte murmurant sournoisement à l'oreille qu'on ne mérite pas l'aide d'autrui : le retrait est un des risques d'une telle cognition. C'est précisément cette mise à distance des autres qui est préoccupante car, ce faisant, on se coupe de son réseau de soutien : on ne donne pas signe de vie, on ne répond plus aux messages téléphoniques et, en conséquence, les proches appellent de moins en moins, ce qui peut être paradoxalement vécu comme de l'abandon, alors qu'on est soi-même à l'origine de cette désaffection ! Si on n'y prend pas garde, on crée soi-même les conditions qui font obstacle à l'aide dont on a pourtant tellement besoin !

Faire face à la honte

La honte se nourrit du secret et de tout ce que l'on veut cacher. Une façon de juguler ce sentiment de honte ne serait-elle pas de sortir du silence et de parvenir à nommer explicitement le suicide ?

La mort propulse l'intimité des proches sur la voie publique, aux yeux de tous, et il est légitime de souhaiter se préserver de cette souffrance-là. On n'a, de toute façon, aucun compte à rendre à autrui. Certes, on sait qu'il est important de parler de ce qu'on vit ; mais la réalité du suicide prenant beaucoup de temps pour véritablement s'ancrer en soi, il est probable qu'avant longtemps les mots ne viennent pas parce qu'ils sont tout simplement impossibles à prononcer. Il ne faut jamais oublier que quand on dit à quelqu'un qu'un de ses proches s'est suicidé, c'est d'abord à soi-même qu'on le dit. Il est donc nécessaire d'aller à son rythme. Nommer le suicide le rend réel tout autant aux yeux d'autrui qu'à soi-même. Garder, pour un moment, le silence sur le suicide est donc compréhensible. Il ne faut pas non plus oublier qu'on n'a pas nécessairement envie de faire étalage de son intimité. Rester évasif sur les circonstances du décès est une stratégie qu'adoptent de nombreux proches, quand ils estiment que leur interlocuteur ne va pas suffisamment occuper de place dans leur vie pour qu'ils prennent la peine de partager avec lui une telle intimité. Si la relation s'approfondit et s'inscrit dans la durée, ils reconsidèrent leur position et décident éventuellement de nommer le suicide.

Il est donc capital que vous sentiez que vous avez le choix de parler ou non du suicide. Vous pouvez décider par exemple qu'il est inapproprié de parler du suicide de votre épouse au sein de votre entreprise parce que vous considérez que votre position hiérarchique ne vous autorise pas à révéler à tout va votre vie privée. Vous êtes seul juge de ce qui est approprié à un moment donné, quitte à revenir sur ce que vous avez dit initialement, quand les choses sont plus claires pour vous.

Nier le suicide

Cela dit, il ne faut pas perdre de vue que le risque de s'enfermer dans le silence est réellement présent. À la limite, nier la réalité du suicide pourrait être une manière de se protéger de sa violence. Quand les circonstances du décès ne sont pas évidentes par exemple, certains proches tentent parfois de se préserver en s'accrochant à l'espoir que cette mort n'est finalement pas aussi intentionnelle qu'on pourrait le croire : c'est, affirment-ils, un simple accident de voiture, ou une crise cardiaque ou encore une rupture d'anévrisme. Ça ne peut pas être autre chose... Cette conviction, pleine d'ambivalence, perdure parfois pendant des mois. Elle est particulièrement tenace, quand, par exemple, une enquête est nécessaire pour lever le doute sur les circonstances exactes du décès. La confrontation à la réalité du suicide n'en est souvent que différée. Ce déni partiel est en grande partie inconscient et il peut même être utile, quand il permet d'amortir le choc, en passant d'abord par la prise de conscience du décès pour ensuite accéder à celle – plus traumatisante – du décès par suicide.

Le déni est une façon de se protéger des émotions. En effet, si les proches nient que la personne s'est bel et bien suicidée, ils nient également qu'elle a « choisi » de les quitter ; il est plus facile psychiquement de bloquer les émotions qui parlent d'abandon, de colère, de culpabilité et de honte. En convertissant l'événement en accident ou en toute autre cause non volontaire, ils créent les conditions pour ne pas avoir à se remettre en question vis-à-vis du pourquoi du décès. Néanmoins, même si cette attitude est protectrice sur le court terme, elle se révèle souvent préjudiciable sur le long terme, car force est de constater qu'au lieu d'atténuer le vécu de la souffrance, le déni met les proches en deuil en décalage par rapport à leur réalité, et ce blocage émotionnel est en contradiction avec le déroulement harmonieux du processus de deuil. Par ailleurs, les choses se compliquent si ce déni est intentionnel : on adopte comme vérité ultime une version tronquée de la réalité où le décès n'est plus secondaire à un geste suicidaire. Cette vision devient la version officielle sur laquelle il sera alors impossible de revenir. Si, de surcroît, un consensus tacite se noue avec d'autres proches partageant cette même vision, il se construit un colossal non-dit au sein de la famille et/ou de l'entourage. Telle est la genèse de certains secrets de famille.

Enfin, il ne faut pas oublier non plus que le choix conscient du déni du suicide dans le discours « officiel » peut répondre à des exigences légitimes : on cherche, par exemple, à protéger la mémoire de la personne disparue, de crainte qu'autrui la juge ou la condamne. On peut également souhaiter de ne pas vulnérabiliser sa propre famille en l'exposant aux yeux de tous comme « dysfonctionnelle », une famille sujette à caution car elle est le lieu où de telles tragédies peuvent survenir. Reste à voir, après, comment le secret est géré au sein de la famille.

Parler pour avancer

Tout ce qui précède souligne bien combien le fait de nommer explicitement le suicide est empreint d'ambivalence. Et pourtant, le travail de deuil passe essentiellement par les mots et par la confrontation au réel. Il y a peu d'échappatoires. Ce travail implique, qu'on le veuille ou non, de se confronter à la palette de toutes ses émotions, de tous ses ressentis. Quand le déni est trop puissant, quelque chose ne se « fait » pas, une zone d'ombre persiste...

> Je crois que la meilleure façon de rater son deuil, c'est de ne pas vouloir faire face à la réalité du suicide et faire comme si la personne était morte d'un cancer ou d'un accident de la route. On s'imagine qu'on peut se protéger ainsi de la profonde blessure narcissique liée au suicide, mais c'est se tromper soi-même. Il faut vraiment se confronter à cela si on veut s'en sortir.

Ainsi, en dépit des « bonnes » raisons invoquées pour justifier le déni du suicide, il est possible qu'on crée alors pour soi-même plus de problèmes qu'on en résout. Seule la courageuse et douloureuse acceptation de la réalité du suicide et des émotions qu'il génère pose les bases d'un chemin de deuil qui se donne des chances d'avancer.

À un tout autre niveau, il existe un argument qui incite à refuser le silence autour du suicide. Il est énoncé par Eric Marcus, auteur de *Why Suicide ?*[1], qui écrit en connaissance de cause pour avoir lui-même perdu son père par suicide. Il montre combien le suicide reste stigmatisé dans notre société. Ainsi, explique-t-il, en le gardant secret, on participe, à un niveau collectif, à l'entretien du silence et de la stigmatisation : « Rien ne va changer si on ne commence pas, soi-même et sur la base de son propre vécu, à changer la perception du suicide dans son entourage. » Parler du suicide est de fait très difficile et ce conseil n'est pas nécessairement à la portée de tous, du moins dans les premiers temps ; mais, en gardant le silence, « on ne donne à personne l'opportunité de comprendre, d'apprendre et de changer les comportements vis-à-vis du suicide ». Nommer explicitement le suicide aide à faire avancer les choses au niveau d'une société, souligne Eric Marcus, afin que les générations à venir touchées par ce drame n'aient plus à souffrir de la honte, du silence ou de l'exclusion.

1. HarperCollins, 1996.

Comment parler du suicide à un enfant ?

Ce chapitre sur l'importance d'une parole « juste » autour du suicide est l'endroit approprié pour aborder un sujet qui soucie tous les parents confrontés à leur enfant en deuil : que dire à l'enfant en deuil après un suicide ? Quand et comment nommer le suicide ?

Un premier point essentiel tout d'abord : il ne faut jamais présupposer que l'enfant ignore ce qui s'est passé. D'une façon ou d'une autre, il sait sans savoir... C'est quelque chose dans l'air qu'il capte. Il peut avoir de très fortes suspicions sur la possibilité d'un suicide, mais comme on ne lui dit rien, il se tait. Il est possible également qu'il soit fortuitement mis au courant, en surprenant une conversation entre adultes échangeant des informations qui contredisent la version qu'on lui a donnée. Un flou empreint de non-dits sur la nature du décès renforce le sentiment de tabou, de honte ou de culpabilité. Un jour ou l'autre, il saura, et c'est à la lumière de la vérité qu'on lui aura révélée qu'il pourra continuer à faire confiance à ceux qui prennent soin de lui. C'est une erreur de supposer que l'enfant est trop jeune pour comprendre l'acte suicidaire et qu'il est donc inutile de lui en parler. On croit le protéger et il n'en est rien : cette mort fait partie de son histoire ; elle lui appartient et il est légitime qu'il en ait connaissance, un jour ou l'autre.

> Ma fille adorait son frère. Elle ne comprend pas et, même aujourd'hui, c'est impossible pour elle d'en parler. Ma petite-fille (qui est au courant du suicide de son oncle) m'a dit récemment : « Tu vois, Grand-mère, je peux parler de Tonton avec toi, parce que, avec Maman, je ne peux pas. » L'explication que je lui ai donnée ? Que le suicide provient d'une maladie dans le cerveau, qu'on ne sait pas encore bien la traiter et que, parfois, des gens en meurent. Ça lui a suffi apparemment. Elle a eu l'air de bien comprendre.

Dire la vérité sur ce qui s'est passé : c'est le mot clé, mais il n'y a aucune urgence à le faire. Il est important que les adultes se concertent avant de parler à l'enfant, pour convenir d'un discours qui ne travestisse pas la réalité, mais qui laisse à l'enfant le temps d'intégrer progressivement l'impact du décès. Il est inutile de s'appesantir sur les détails, mais il faut s'attacher à donner à l'enfant des explications suffisamment claires pour qu'il comprenne la situation. À nouveau : rien ne presse. Il faut que les adultes qui lui parlent aient eux aussi eu le temps d'amortir la nouvelle du suicide. Si c'est trop difficile pour eux de le nommer immédiatement, il est préférable d'attendre, en se faisant la promesse d'y revenir plus tard, quand on sera prêt.

Lorsqu'on parle à de jeunes enfants, il ne faut pas s'étonner de devoir revenir plusieurs fois sur les mêmes explications, même si on est persuadé d'avoir été clair la première fois : la capacité d'intégration de telles données n'est pas la même chez l'adulte et chez l'enfant. L'information ne va prendre place en lui que par petites touches successives. Même si l'enfant ne comprend pas tout immédiatement, on a, au moins, initié le dialogue et posé les bases qui permettront ultérieurement des questions plus précises (parfois des années plus tard !). Il faut se tenir prêt ! En effet, quand l'enfant reçoit de l'adulte le signal qu'il est possible de parler, il y répond, en le sollicitant très directement pour obtenir les réponses dont il a besoin.

> Jusque-là, je disais à ma fille : « C'est sa maladie qui l'a fait mourir », et un jour, quand j'ai appris qu'elle parlait à l'école de la « crise cardiaque » de son père, j'ai franchi le pas : « Quand les gens arrivent à se donner la mort, on appelle ça un suicide. » Elle avait 6 ans quand je lui ai annoncé ça ! Sa réaction m'a étonnée : elle semblait soulagée et rassurée de pouvoir mettre un nom sur ce qui s'était vraiment passé.

On peut être étonné par la capacité de l'enfant à répondre de façon adaptée à la situation, dans la mesure où on lui en donne la possibilité. L'essentiel est de toujours rester vigilant à ce qu'il ressent et la meilleure manière de le savoir est de le lui demander explicitement !

Un autre point essentiel : si on nomme le suicide comme une maladie qui donne l'envie de se tuer, il est très important de rappeler à l'enfant qu'il existe d'autres moyens de faire face à la tristesse et aux problèmes de la vie – on peut éprouver une grande peine sans avoir besoin de se tuer. On peut se faire aider ; on n'a pas à rester seul avec sa peine. C'est une façon de rassurer l'enfant sur le fait que ni lui ni ses proches ne sont condamnés à un destin similaire.

Le désir des parents de parler à leurs enfants peut être sincère, encore faut-il que ces derniers l'acceptent, ce qui est loin d'être évident, notamment pour les ados. Ils instaurent parfois des limites au dialogue, sans négociation possible. Certains en effet choisissent le silence pour métaboliser leur peine et l'adulte sera bien obligé d'accepter cette position devant laquelle il ne peut rien.

> Il n'y a aucun échange possible avec mes enfants. Je souffre beaucoup de ce silence, de cette non-communication. Ça donne l'impression d'une mort honteuse dont on ne peut plus jamais parler et ça a installé le silence entre nous. Je ne sais plus comment rompre ce silence autour de la mort de leur père : c'est devenu un sujet tabou. J'en parle de moins en moins car je crains d'être tournée en dérision ; ils sont devenus très durs envers moi. J'espère qu'un jour, cela changera, mais pour le moment, tout est bloqué...

La seule alternative, pour l'adulte, est de rester le plus ouvert et le plus disponible possible, tout en rappelant à l'enfant qu'il existe d'autres personnes (des professionnels ou non) avec lesquelles il peut parler, s'il en ressent le besoin. L'expérience montre en effet que rien ne reste fixé à tout jamais. Le deuil est un travail de longue haleine : parvenir à se parler en vérité prend du temps, surtout après un suicide ; cela demande beaucoup de patience...

> Mon dernier avait 15 mois quand son papa est mort. Il a aujourd'hui 8 ans. Je réponds à ses questions au fur et à mesure qu'il me les pose. Ça se fait tout doucement. Quand il m'a demandé de quoi il était mort, je lui ai répondu qu'il était malade, que sa maladie s'appelait une dépression et qu'il était tellement mal dans sa tête qu'il avait décidé de mourir pour ne plus souffrir... Mon fils ne m'a pas encore demandé comment il est mort ; j'attends qu'il fasse le premier pas, mais je sais que je lui dirai toute la vérité un jour ; ça prendra le temps qu'il faudra.

Quand autrui fait du bien

Le deuil est intrinsèquement un chemin de solitude. Même ceux qui tiennent le plus à vous sont incapables d'avoir accès à l'intimité de votre peine. Si forts que puissent être leur amour et leur désir de vous apporter de l'aide, vous restez seul face à votre douleur. Cependant, comme dans toutes les épreuves de la vie, nous avons besoin de compagnons de route pour cheminer à nos côtés. Nous sommes des êtres humains, interdépendants les uns des autres, et nous pouvons trouver du réconfort auprès d'autrui, même si c'est nous qui devons faire le plus gros du travail : c'est en cela qu'ils peuvent véritablement nous faire du bien.

Être aidé, s'aider soi-même

J'ai eu la chance d'être aidée et entourée. Il y a eu un mouvement de sympathie spontané, même de la part de personnes que je connaissais peu. J'ai été surprise de percevoir tant de gentillesse autour de moi. En fait, ce sont les messages les plus simples qui m'ont fait le plus de bien ; c'est juste ce dont j'avais besoin : « On est là, on tient à toi. »

Mon environnement professionnel est vraiment devenu un lieu de sécurité. Ils étaient présents, mais sans trop appuyer, ils ne jugeaient pas. Je sentais un climat de bienveillance qui m'a profondément aidée. Tout le monde a été rapidement mis au courant. J'ai reçu plein de mots de soutien ; il y avait tant d'attention et de gentillesse à mon égard ! Certains ont pallié mes insuffisances professionnelles, beaucoup m'ont tenu la main pour que je ne sombre pas. Il n'y avait pas un midi où j'étais seule pour déjeuner. J'ai quasiment été maternée par mon entourage professionnel et je mesure que tout le monde ne bénéficie pas d'un tel soutien. Maintenant, je me demande : comment vais-je pouvoir redonner tout cela ? C'est une vraie question pour moi aujourd'hui.

Toutes les études l'affirment clairement : le fait de réunir autour de soi un réseau de soutien de qualité est considéré comme une des conditions les plus favorables pour cheminer dans le deuil. Cette présence n'enlève rien à la douleur, ni au sentiment de solitude, mais elle constitue une aide inestimable pour ne pas sombrer. Autrui a le pouvoir de rassurer et d'aider à prendre du recul quand on se perd dans le dédale de la souffrance et de la culpabilité.

> Ma mère a été une présence essentielle après le décès de ma fille ; elle me répétait sans cesse : « Tu n'y es pour rien, ma chérie, sache que tu n'y es pour rien. » J'avais besoin d'entendre ça, encore et encore, car je ne m'autorisais pas à me le dire moi-même. Sa conviction m'a aidée à me maintenir à flot.

Cela dit, demander de l'aide n'est pas nécessairement aisé et c'est d'autant plus difficile après le suicide d'un proche. Vous vous en êtes peut-être déjà rendu compte. Le poids de la culpabilité est parfois tel qu'on ne se sent pas digne de frapper à la porte de ceux qui pourraient apporter du réconfort. On estime peut-être ne pas « mériter » cette aide ; on se dit qu'on n'y a pas droit après toutes ses erreurs et fautes du passé. Certains reconnaissent avoir trop honte pour s'autoriser à demander quoi que ce soit ou craignent de se voir stigmatisés ou rejetés s'ils parlent du suicide : il est préférable alors de se mettre en retrait, de se taire et de ne solliciter personne. C'est aussi une question d'amour-propre ; on invoque la pudeur à déballer sa peine ou encore le souci de ne pas déranger autrui par une souffrance qui le mettrait mal à l'aise. De même, si on a l'habitude de se débrouiller seul, on peut craindre que l'aide d'autrui devienne trop envahissante. Toutes ces réticences traduisent une grande ambivalence vis-à-vis de l'aide proposée : on sent qu'on en a besoin mais quand elle se présente, on ne se rend pas nécessairement disponible pour la recevoir ! Écoutez les propos assez directs de cette jeune mère après le décès de son fils :

> On est très chiant pour les autres [en tant que personne en deuil] ! On veut tout et son contraire : quand ils sont là, on veut être seul ; et quand on est seul, on se sent abandonné. On voudrait qu'ils nous parlent, mais ce n'est jamais ce qu'on a envie d'entendre ! J'ai bien conscience que c'est compliqué pour mes proches, mais je ne peux pas faire autrement !

Cette ambivalence est normale et il est important d'en comprendre le fondement. On ne veut pas de ce deuil ! Or le simple fait qu'autrui propose son soutien est le rappel implicite d'une situation dont on refuse la réalité : on peut ainsi se sentir irrité, voire agressé, par l'aide d'autrui car celle-ci renvoie au drame qu'on est en train de vivre. On préférerait n'avoir besoin de personne car cela signifierait qu'aucun malheur ne s'est abattu sur soi !

Trouver de l'aide

Nous n'allons pas revenir sur les bases de l'aide à s'apporter à soi-même au cours du deuil. Ce point est largement abordé dans la nouvelle édition de *Vivre le deuil au jour le jour* de novembre 2004. Je vous y renvoie pour plus de détails : vous y trouverez de nombreux conseils sur la façon de prendre soin de vous. Je souhaiterais simplement reprendre ici certains aspects spécifiques du travail de deuil après un suicide.

Nommer les émotions

On devient victime de la culpabilité, de la colère, de la dépression et de la honte quand on se laisse réduire au silence. Nommer ces émotions, c'est commencer à sortir à la fois du silence et du statut de victime. Certes, mais avec qui parler ? Il faut prendre le temps de trouver le bon interlocuteur car parler de ce qu'on ressent au plus profond de soi expose au risque de se montrer à nu et relativement vulnérable. Il est donc indispensable de s'ouvrir à des personnes de confiance, des personnes aptes à accueillir le chaos des émotions, avec bienveillance et sans jugement. Hormis le recours à un professionnel psy dans le cadre d'un

« suivi de deuil », il est vrai que le soutien informel des proches reste l'aide extérieure la plus souvent sollicitée. Elle peut largement suffire pour se reconstruire au fil du temps. Néanmoins, votre propre expérience vous a certainement montré que l'aide d'autrui a tendance à s'essouffler sur la durée. C'est, somme toute, bien normal : après quelque temps, chacun retourne à la routine de sa propre vie et « oublie » que le deuil n'est pas qu'une affaire de quelques mois... Cette défection des proches coïncide malheureusement avec le début de la phase de déstructuration et elle majore le sentiment de solitude et d'isolement qui caractérise cette étape du deuil. C'est à ce moment-là qu'il est utile de faire appel à d'autres ressources extérieures.

Dans le cas du suicide, il existe des lieux privilégiés où une parole autour du suicide reste possible, au-delà de ce que l'entourage considère comme « normal » ou « raisonnable » : ce sont les associations de personnes en deuil et les groupes de parole qu'elles proposent en leur sein. Les associations vouées à l'accompagnement du deuil n'ont pas le caractère psy qui pourrait gêner certains d'entre vous. De plus, elles présentent l'immense avantage de regrouper des personnes qui sont – ou ont été – en prise directe avec ce que vous êtes en train de vivre. C'est de ce vécu commun qu'elles tirent leur légitimité. Il existe des associations[1] « généralistes », sans spécificité quant à la cause du décès, alors que d'autres se focalisent davantage sur le deuil après le suicide d'un proche. Disons-le tout de suite : ces dernières sont malheureusement très peu nombreuses et il n'est pas certain que vous en trouviez une à proximité de votre domicile. Néanmoins, elles existent et peuvent vous apporter un réel réconfort. Selon leur taille, ces associations proposent des permanences téléphoniques essentiellement vouées à l'écoute et au soutien des personnes en deuil, certaines organisent des rencontres-débats autour d'un thème particulier. Le cœur de l'activité de ces associations reste néanmoins les groupes de parole.

Ces groupes sont d'inspiration anglo-saxonne et sont encore mal connus du grand public. Chaque groupe a ses modalités spécifiques de fonctionnement mais, en règle générale, il est proposé aux personnes ayant vécu un deuil récent une réunion mensuelle (ou trimestrielle) pendant un an ou plus. A priori, on pourrait craindre que ces groupes entraînent dans une dynamique morbide où chacun s'enlise dans la souffrance de l'autre, mais c'est tout l'inverse qui se produit ! Ces groupes existent, à travers le monde, depuis plusieurs décennies et ils ont définitivement fait la preuve de leur efficacité dans l'aide aux personnes en deuil. Ce sont d'authentiques lieux de vie et de

1. Voir les adresses en annexes p. 241-246.

reconstruction, dont l'un des aspects essentiels est de faire prendre conscience aux participants qu'ils ne sont pas seuls à vivre leur peine, ce qui est particulièrement important dans le vécu du deuil après suicide !

Dans un groupe de parole, écouter autrui faire part d'un vécu qui fait écho en soi permet de se rendre compte de l'universalité de son propre ressenti. C'est ce qu'on appelle l'« écho-résonance » : le fait qu'une parole émanant d'autrui fasse écho et miroir à sa problématique personnelle. C'est une façon de créer en soi une brèche salutaire dans l'édifice compact de la souffrance : si je suis capable de percevoir, chez autrui, les failles de sa honte ou de sa culpabilité, je parviens peut-être mieux à jeter un regard critique sur ma propre culpabilité. Si je suis en mesure de relativiser la pertinence de son jugement sur lui-même, ne pourrais-je donc pas en faire autant pour moi ?

Les groupes de parole réservent également d'autres surprises : il est en effet troublant de rencontrer des gens en deuil par le suicide qui « ne sont pas des monstres », pour reprendre l'expression d'une mère après le suicide de sa fille : « C'est grâce à ces gens que j'ai pu à nouveau me considérer comme quelqu'un de bien. Je pensais que c'était impossible après le suicide de mon enfant. » Ce constat peut être le premier pas vers la (re) construction de l'estime de soi.

Les premiers mots que j'ai entendus de la part de la personne qui nous a reçus à l'association Phare enfants-parents ont été : « Ce n'est pas votre faute. » Ça a été terriblement important d'entendre ça de la part de quelqu'un qui était passé par là et qui comprenait ce que nous étions en train de vivre. Même si on ne l'intègre pas tout de suite, c'est quelque chose qui reste en soi. Très rapidement, elle nous a recommandé de rencontrer d'autres parents : « Vous n'êtes pas seuls ! D'autres vivent le même drame et c'est important de les rencontrer et de partager avec eux. » C'est à ce moment-là que nous avons décidé de joindre un groupe de parole de parents endeuillés par le suicide.

Le groupe... Ah, ça a été un choc ! Il y avait une incroyable intensité dans les récits de ces parents et je me suis très vite rendu compte que c'était la même intensité que nous vivions ! Je prenais conscience que non seulement on n'était pas tout seuls, mais qu'on avait des réactions similaires, alors que je pensais que j'étais en train de perdre la tête... Vous savez, j'éprouvais une douleur tellement forte que je me disais que ça ne pouvait pas être normal de ressentir cela ! Je n'avais jamais connu quelque chose de semblable auparavant et j'étais sérieusement inquiète sur ma santé mentale ! Le groupe m'a donné des repères ; il m'a aussi aidée à comprendre ce qu'est le processus de deuil ; j'étais moins perdue. Sincèrement, je ne vois pas ce qui aurait pu nous aider davantage.

Prendre soin de soi

Après le suicide d'un proche, le piège à éviter est l'oubli ou l'abandon de soi, à tous les niveaux. Cela implique de prendre en compte la dimension du corps. Le deuil, en effet, passe aussi par le corps et il est extrêmement fréquent que la souffrance du cœur s'y transpose, au point de le rendre douloureux ou même malade ! Le corps devient également le lieu de projection de toutes les angoisses. C'est ce que dit cette mère après le décès de son fils : « Le pire est arrivé... Il ne peut désormais m'arriver que du pire ! » La moindre douleur, le moindre symptôme était, pendant longtemps, perçu comme le signe avant-coureur d'une maladie grave ! « Les premières années après son décès, je suis devenue complètement hypocondriaque. »

Néanmoins, une grande vigilance s'impose, alors même que le vécu dépressif du deuil conduit plutôt à le négliger : tout ce qui fait du bien au corps peut contribuer au mieux-être psychique – un sommeil et une alimentation de qualité, un minimum d'exercice physique, tous les soins comme les massages, l'acupuncture, le shiatsu... Si vous n'avez pas le courage d'aller seul à la piscine ou simplement de sortir marcher dans la campagne, sollicitez vos amis : ce type d'aide est tout aussi efficace qu'une longue conversation dans l'ambiance parfois trop confinée de la maison.

De même, on sait que le deuil expose davantage au risque de consommation excessive d'alcool ou d'autres drogues. Il faut pouvoir faire la différence entre le petit verre qui aide à passer le cap difficile de la soirée et une consommation qui progressivement – et imperceptiblement – échappe à tout contrôle, au point d'induire une véritable dépendance. Le recours trop important à l'alcool (ou autres drogues) peut être le signe indirect d'une dépression qu'il serait important de diagnostiquer et de traiter autrement. Dans un même ordre d'idée, il faut être tout particulièrement vigilant au risque suicidaire (qui est, nous l'avons déjà souligné, plus fréquent au cours du deuil après suicide). Qu'il s'agisse d'« équivalents suicidaires » où on se met plus ou moins consciemment en danger (conduite en état d'ivresse, pratique d'un sport à hauts risques...) ou d'authentiques tentatives de suicide, il est essentiel de prendre conscience de ce qu'on est en train de faire et de remédier, au plus vite, à cette dangereuse dérive où l'on a tout à perdre.

Se « reconnecter » à soi-même et au monde

Le deuil, et tout particulièrement le deuil après suicide, « déconnecte », et le travail du deuil consiste aussi à se reconnecter à soi-même et au monde. De fait, le suicide a détruit bon nombre de points de repère dans votre vie. Il en résulte souvent un sentiment de flottement, d'irréalité, où plus rien ne semble vous toucher. Tout est neutre, plat, sans relief. À l'extrême, on parle de « dissociation », un vécu de déconnexion intérieure où on se sent totalement étranger à sa propre vie. Il est nécessaire de rétablir le lien.

Vous reconnecter, c'est permettre à la sève de votre être de circuler à nouveau. Comme après un long temps de jeûne, il faut vous nourrir tout doucement, sans forcer. Votre fragilité actuelle vous rend paradoxalement plus sensible et plus ouvert à cette démarche. Une partie du chemin que vous avez à parcourir consiste à simplement regarder, sentir et explorer votre environnement immédiat et le monde qui vous entoure. Progressivement, vous trouverez dans votre vie les moyens de ralentir, de simplifier, de pacifier votre existence. Ce temps de pause n'est pas du temps perdu ; il participe activement à votre guérison car vous avez besoin de reprendre pied. Donnez-vous autre chose à « manger » que la télévision ou l'horizon limité de votre chambre ! Marchez en silence dans la forêt ou au bord de la mer ; offrez-vous un après-midi dans un musée qui expose des œuvres qui vous inspirent ; absorbez-vous dans une musique qui touche votre cœur ; mettez par écrit ce qui traverse votre esprit, afin de garder des traces de ce temps de vie si particulier ; fermez les yeux et sentez en vous la vibration de la terre, du ciel, des arbres, et même celle de la ville si vous y habitez. Depuis la nuit des temps, les hommes savent intuitivement ce qui est bon pour eux. Fiez-vous à votre instinct et allez à l'essentiel. La nature, par exemple, a le pouvoir de vous réajuster aux rythmes de la vie. Prenez alors le temps de vous arrêter, de regarder, de sentir, d'ouvrir votre corps et vos sens à la couleur des feuilles, à la fraîcheur du vent, à l'odeur des embruns, au froid de la neige portée à vos lèvres... Ouvrir vos sens va aussi ouvrir votre cœur : les larmes, les sanglots vont également remonter à la surface. Laissez venir : accueillez votre peine en amie plutôt qu'en ennemie. Cette méditation va vous aider à calmer, pour un moment, la frénésie du quotidien ; elle va vous inviter à prendre en compte les choses qui vous entourent, en vous laissant découvrir ce qui est bon pour vous.

Il est aussi bénéfique de se nourrir de ce que d'autres ont écrit sur le deuil et la perte au sens large. Leur expérience peut être très inspirante. Qu'il s'agisse de romans, de témoignages, de poésie ou de philosophie, vous pouvez aller boire à cette source. Vous n'avez peut-être jamais essayé auparavant, en pensant que ce genre d'écrits n'était pas pour vous, mais vous vous trompez : vous avez le droit de jouir de cet héritage des siècles présent et passés. La peine est universelle, tout comme les questions sur la vie et la mort et sur le sens des choses ; elles ont conduit à écrire des pages d'une rare sagesse et d'une infinie profondeur. Il existe des mots qui vous sont destinés et qui vous feront du bien, des mots qui vous marqueront à tout jamais et qui vous accompagneront tout au long de votre vie. Alors, n'hésitez pas à prendre conseil auprès de votre libraire ou dans une bibliothèque ; il y a peut-être des trésors qui vous attendent et il n'est pas nécessaire d'être un grand intellectuel pour en tirer profit... Alors peut-être pourrez-vous faire vôtre cette maxime venue du monde antique : « Connais-toi toi-même. » Si le suicide vous mène à cela, sachez que c'est vous qui gagnez la bataille...

8

LA VIE... APRÈS

Les semaines se sont écoulées, puis les mois, puis les années... Confronté à une inextricable et lancinante douleur, vous vous êtes finalement résigné. Avec ce fameux « temps qui passe », vous êtes parvenu à accueillir en vous l'hallucinante réalité de la mort de cette personne, même si le mot « suicide » garde toute sa violence. Mais c'est possible aujourd'hui de vous dire qu'elle est bel et bien disparue et que vous-même, vous appartenez toujours au monde des vivants. Certes, mais c'est encore bien fragile. Il suffit parfois d'un instant de solitude ou d'un moment de trouble au sein d'une foule joyeuse pour que la vie vous semble à nouveau totalement vide et dénuée de sens. Il persiste des moments redoutables de traversée du désert où vous vous sentez à nouveau comme éteint à l'intérieur, à la dérive, continuant à vivre parce que vous ne savez pas quoi faire d'autre. Ces jours-là, il paraît inconcevable qu'il puisse jamais en être autrement.

Et pourtant...

Du tréfonds de votre être, « quelque chose » est en train de se passer, « quelque chose » est en devenir. C'est imperceptible au début et si subtil parfois que vous mettrez du temps avant de vous en apercevoir. Vous le découvrez au détour d'une parole ou d'une pensée. C'est aussi ténu qu'un matin où, contrairement aux autres jours, le cœur semble un peu moins serré, un peu moins lourd. Vous osez à peine y goûter que cela s'évanouit... Cependant, si fugace soit-il, cet instant laisse dans son sillage l'indéniable parfum de quelque chose de neuf, de frais, de nouveau, comme l'écho d'une promesse que vous ne parvenez pas encore à formuler. Mais vous ne pourrez plus faire comme si rien ne s'était passé... Au début, vous ne voudrez pas y croire, tellement sera encore forte l'emprise de la culpabilité ou de la dépression. Mais pourtant, c'est là : une invitation à croire que la vie peut être autre chose que ce torrent de souffrance qui vous ballotte depuis déjà trop longtemps.

Vous n'y croyez pas, n'est-ce pas ? Vous vous dites que jamais vous ne parviendrez ne serait-ce qu'à envisager de sortir de ce labyrinthe. Cela sera peut-être vrai pour les autres, mais pas pour vous. Rappelez-vous pourtant : vous n'avez eu aucun contrôle sur le déroulement des étapes précédentes du deuil, elles se sont imposées à vous, sans vous laisser de choix. Il en sera de même pour cette nouvelle étape de votre deuil. Elle ne signifie en rien que vous allez laisser tomber le passé et « tourner la page », non : tout en préservant ce qui est important de votre histoire passée, elle va progressivement créer en vous les conditions d'une autre vision de vous-même. D'autres perspectives deviennent alors possibles.

Cet ultime temps du deuil, c'est ce qu'on appelle la phase de restructuration.

La phase de restructuration

Alors, où en est-on quatre ans, huit ans, dix ans après le suicide ? Que devient-on quand le deuil n'occupe plus chaque instant de la vie ? Comment est-on en train de se reconstruire ?

La quatrième et dernière étape du deuil n'a pas vraiment de point de départ précis : elle s'initie par petites touches tout au long du processus de deuil (et ce dès les premiers instants). Elle devient néanmoins plus manifeste quand s'apaise le mouvement dépressif de l'étape précédente. On découvre en soi plus d'énergie, alors qu'auparavant on n'était que lassitude et épuisement. Il ne faut pas s'y tromper : tout cela est très progressif, c'est très fragile, mais ce mouvement intérieur persiste néanmoins en soi, au point qu'on se risque, petit à petit, à lui faire confiance. Vous vous rendez compte que vous commencez à répondre plus volontiers aux invitations, à reprendre le cours de votre vie ; vous y consentez tout en vous sentant un peu gêné de vous montrer à nouveau au grand jour : vous vous sentez profondément changé, pas toujours très sûr de ce qu'il convient de dire ou de faire, encore un peu en décalage avec ces gens qui semblent avoir « pris de l'avance », quand vous-même êtes resté en retrait pendant tant d'années...

La phase de restructuration correspond à un temps d'élaboration de nouveaux repères intérieurs et extérieurs, tout en consolidant ceux qui existent déjà. Il est important de souligner d'emblée que « restructuration » ne signifie malheureusement pas nécessairement « restructuration harmonieuse ». La vérité est que chacun se reconstruit avec les « briques » dont il dispose, ces « briques » étant le fruit de notre passé, de notre culture, de notre éducation, de nos mécanismes de défense face au stress, de nos compétences sociales, etc. La qualité de notre reconstruction est directement fonction de la qualité de nos « briques ».

Le deuil... du deuil ?

À première vue, vous ne pouvez qu'être d'accord avec cette promesse de reconstruction intérieure.

Et pourtant, la transition n'est pas aussi facile qu'on pourrait l'imaginer. En effet, si étrange que cela puisse paraître, il n'est pas si aisé de « quitter le deuil ». Car, finalement, où en êtes-vous aujourd'hui ? Le deuil accompagne chaque instant de votre existence depuis des années : au fil du temps, et contre toute attente, vous vous êtes comme « habitué » à ce vécu intérieur. Depuis le décès, il évolue à bas bruit et vous vous êtes presque résolu à vivre avec lui jusqu'à la fin de vos jours. Vous y avez paradoxalement trouvé des repères dans votre quotidien. Ils ont eu au moins l'avantage de vous offrir un peu de stabilité ; certains d'entre vous y ont même trouvé un relatif confort.

Et voilà que la vie vous rappelle à son bon souvenir ! Vous ne vous y attendiez plus. Il y a bien sûr de la joie à entendre cet appel, mais n'est-ce pas sans une certaine ambivalence que vous acceptez d'y répondre ? Faut-il à nouveau tout remettre en question, alors que vous commenciez à vous accommoder du peu que vous aviez ? Oui... Faut-il que vous preniez à nouveau le risque effrayant d'explorer l'inconnu, même si cet inconnu prend les traits d'un nouvel amour, d'un nouveau projet de vie ou plus simplement d'un futur un peu plus paisible ? Oui... Ainsi, en dépit de vos doutes et du fait que cette perspective vous bouscule ou vous dérange, vous sentez bien qu'en même temps, vous n'avez plus vraiment le choix : la vie fait pression en vous pour reprendre ses droits. Ce n'est pas les autres qui vous y poussent, ce mouvement vient de l'intérieur, même si vous n'êtes pas tout à fait d'accord, ni tout à fait prêt.

Une question s'élève ainsi : ai-je le droit de répondre à cet appel ? La culpabilité est toujours présente et cette proposition d'un retour à la vie véhicule parfois un vague sentiment d'indignité ou encore de trahison vis-à-vis de la personne décédée. On craint de l'« oublier » si on retourne à la vie, même si on se rappelle ces jours où on n'a pas pensé à elle, sans s'être senti aussi coupable qu'autrefois... Et vous savez quoi ? Il y a une sorte de tristesse dans ce constat, une sorte de sourde nostalgie que vous ne vous expliquez pas. Sachez que ce questionnement fait partie du processus : c'est ce qu'on appelle le « deuil du deuil ».

Un temps d'ajustement

On ne passe pas d'une étape à une autre du jour au lendemain ! En fait, c'est souvent deux pas en arrière, pour trois pas en avant. Deux ans après le décès de sa fille, une mère affirme qu'elle commence seulement à intégrer la réalité du suicide de son enfant ; elle ajoute aussitôt qu'il lui est impossible, pour le moment, de l'accepter : « mais je sais maintenant que cela sera possible un jour ».

J'ai conscience désormais d'une blessure qui ne disparaîtra jamais complètement, mais je ne vis plus sous l'emprise de la douleur ; ça, je sais que c'est derrière moi. Je ne m'attends pas à être heureuse et insouciante comme je l'étais avant, mais je sais aujourd'hui que je peux légitimement aspirer à une vie aussi paisible que possible et être satisfaite de ce que j'ai.

Je vais mieux maintenant. Sept ans après le décès de mon fils, je suis beaucoup plus calme, même si je sais que je ne serai plus jamais à 100 % sereine. J'ai appris à vivre avec. Ça ne me détruit plus. C'est déjà pas mal, non ?

Au début, j'espérais qu'après un temps de deuil, cette pesanteur allait partir et que j'allais retrouver une vie normale. Je me trompais... mais ce que j'ai découvert, c'est qu'on peut vraiment réapprendre à vivre en dépit de tout. Ça prend du temps, ce n'est pas facile, mais on y arrive. On m'aurait dit ça il y a deux ans, je ne l'aurais jamais cru, comme quoi...

La phase de restructuration peut se comprendre comme un temps où on trouve – ou retrouve – sa place dans le monde. Elle correspond aussi à un temps de redéfinition : redéfinition de son rapport à la personne disparue, redéfinition de son rapport à autrui et de son rapport à soi-même. Ce sont sur ces bases nouvelles que se fonde la lente reconstruction de soi.

Redéfinir sa relation avec la personne disparue

Vous avez rangé les lettres et les photos ; vous avez trié, donné, gardé certains vêtements, certains objets. Vous avez aussi renoncé à beaucoup d'autres choses : les vains espoirs, les vaines questions. Et pourtant, loin de perdre le lien, ne sentez-vous pas s'établir en vous une autre intimité, une autre qualité de présence à cette personne disparue, par-delà son absence ?

> Maintenant, je suis relativement apaisée. J'arrive à me dire – et à vraiment croire – que ça a été un véritable cadeau du ciel d'avoir eu, pendant vingt-six ans, un être aussi merveilleux auprès de moi. C'est quelque chose qu'on ne peut pas me retirer. C'est là à tout jamais.

Cet autre niveau de relation se traduit, par exemple, par le retour progressif à des souvenirs positifs du passé, en contraste avec les seules images traumatisantes ou négatives des premiers temps du deuil.

> Quand je pense à mon mari, je pense de plus en plus à lui vivant, alors qu'au début, je n'étais focalisée que sur sa mort. Je me surprends à retrouver des souvenirs plus légers, moins douloureux. Ça fait du bien de retrouver ça : je croyais que c'était effacé à tout jamais.

Redéfinir sa relation avec la personne disparue, c'est accepter de porter une cicatrice intérieure qui sera le rappel indélébile de ce qui s'est passé. En fonction des circonstances (les fêtes, les anniversaires, les vacances...), cette cicatrice vous fera plus ou moins mal, mais votre rapport à la douleur est lui aussi en train de changer. Vous vous rendrez compte que vous n'avez plus besoin de la souffrance pour préserver le lien avec la personne disparue. D'une façon ou d'une autre, elle restera présente à tout jamais, mais elle ne vient plus obturer votre horizon. Elle est quelque part à côté de vous, en retrait, se faisant parfois complètement oublier. Ne serait-ce pas cela, la sagesse : accepter ce qu'on ne peut pas changer ?

Redéfinir son rapport à autrui

Le chemin de la souffrance est étrange. Au début, elle s'impose à soi avec une telle intensité qu'il est impossible de penser à autre chose : c'est ma souffrance ; elle me submerge ; c'est ma seule et unique réalité. Puis le temps se met à l'œuvre et travaille en silence. Dans le meilleur des cas, cette lente alchimie donne des fruits d'une étonnante saveur... On découvre une texture de soi-même qu'on ignorait peut-être jusque-là ; on se rend compte progressivement que ce flot de souffrance a creusé en soi des gorges et des vallées où peut se révéler une capacité à faire quelque chose de la douleur d'autrefois. Autant on était auparavant focalisé sur sa peine, autant on parvient aujourd'hui à aller au-delà, dans un mouvement intérieur où autrui prend une autre place. Certes, on garde le souvenir de tous ces gens qui ont fait mal quand on avait mal, qui se sont montrés si maladroits ou si indifférents quand on avait besoin de réconfort, tout comme on se souvient de ceux qui ont fait preuve d'une infinie tendresse... Néanmoins, ce qui se passe en soi invite à aller plus en profondeur : alors qu'on commence à émerger du chaos, s'ouvre le potentiel d'un autre rapport aux gens (soyons lucides : le potentiel, pas la certitude). Ce potentiel donne la possibilité de passer de la conscience de ma souffrance à la conscience de celle des autres : la souffrance de tous les autres êtres confrontés aux innombrables épreuves de la vie, et notamment celle du suicide. C'est certainement exigeant, mais, si on veut bien y répondre, cet appel pose les bases d'un regard vers autrui qui va au-delà des apparences. De cette prise de conscience découlent de nouvelles responsabilités qu'on est libre, ou non, d'assumer.

> La vie me paraît avoir encore plus de prix maintenant. Je lui accorde plus de valeur et je suis également devenue plus sensible aux autres. Avant, je dois avouer que je vivais assez égoïstement avec mes soucis, mes problèmes... et je ne tendais pas vraiment la main vers autrui... Avec les années, je suis devenue beaucoup plus sensible à l'égard des

autres, au point parfois d'aller m'asseoir volontairement dans le métro à côté de quelqu'un qui pleure pour lui parler. L'expérience du suicide de mon fils et du deuil qui a suivi m'a complètement changée en tant qu'être humain et c'est tant mieux.

Je crois que le malheur rapproche les malheureux. Avec le temps, je me suis découvert un grand amour pour les autres, la conscience d'une sorte d'abondance dans mes rapports avec les gens. Cette épreuve m'a ouvert à une générosité que je ne me connaissais pas. Maintenant la souffrance ne me fait pas peur ; je peux l'accueillir sans crainte ; je sais qu'elle ne peut pas me détruire – j'y ai déjà survécu.

Le suicide de ma fille nous a rapprochés dans la famille ; nous sommes plus attentifs les uns envers les autres. C'est comme si on avait appris quelque chose d'essentiel. Il y a plus de tendresse entre nous, plus de douceur. Nous avons désormais des gestes et des manifestations d'affection qui n'existaient pas auparavant : on ose se prendre dans les bras ; on se parle autrement qu'en échangeant des banalités – c'est très fort et nous sommes très lucides sur le prix qu'on a dû payer pour en arriver là. Je n'arrive pas à concevoir qu'autant de bienfaits puissent découler d'une telle catastrophe.

Plus simplement, ce temps du deuil ouvre à la possibilité de percevoir maintenant ce à quoi on était aveugle, ou indifférent, par le passé. On se trouve avec la possibilité d'agir en conséquence, en fonction de son désir et de ses moyens. Néanmoins, il ne faut pas tomber dans la culpabilité si on ne ressent rien de la sorte ! Ce cheminement intérieur est une évolution possible lors de la phase de restructuration, mais elle ne constitue évidemment pas un parcours obligatoire ! Tous les cas de figure existent, preuve en est ce témoignage :

> Mon attitude vis-à-vis des gens déprimés a radicalement changé. Je veux bien les écouter mais je n'essaie plus de les aider. Je considère que ça ne sert à rien. Je ne suis pas habilité à les faire sortir de leur malheur. Il faut qu'ils trouvent ça en eux. Oui, je suis fatigué de ces gens-là... Je suis désormais sans illusions.

Quoi qu'il en soit, la dernière étape du deuil vous invite à la pacification de votre relation avec autrui. Des petits indices rendent compte d'ailleurs de cette évolution qui s'impose souvent à vous, sans que vous l'ayez vraiment décidé. Avez-vous remarqué, par exemple, que vous acceptez plus volontiers que, pendant votre deuil, le monde ait continué à exister ? Vous éprouvez peut-être moins de colère ou d'amertume vis-à-vis de son insouciance et de sa superficialité, quand autrefois cela vous mettait hors de vous. Avez-vous renoncé, sans cynisme ni ressentiment, à ce que les gens ne soient pas exactement comme vous voudriez qu'ils soient, quand, par exemple, ils oublient que vous êtes encore sous l'emprise du deuil ? Sentez-vous que vous avez aujourd'hui moins besoin de vous protéger ? Vous sentez-vous moins agressé par autrui ? Ne commencez-vous pas à retrouver le goût des échanges, en acceptant d'écouter les (dérisoires) petits soucis des autres, en élaborant avec eux de nouveaux projets, en découvrant d'autres horizons ? Autant de signes que quelque chose de nouveau est en train de se passer en vous, quelque chose qui a à voir avec votre légitimité à exister dans ce monde. Alors, ouvrez la porte : vous y êtes le bienvenu, vous y êtes la bienvenue.

Qui suis-je en train de devenir ?

Cette question, vous vous l'êtes certainement posée mille fois. Elle parle de cette redéfinition de votre rapport à vous-même, alors que se distillent en vous les derniers échos de votre peine d'hier. Cette question n'est certes pas exempte d'une certaine inquiétude. Elle est compréhensible car, au regard de tout ce que vous venez de vivre, comment serait-il possible que rien ne change en vous ?

Dès les premières pages de cet ouvrage, nous n'avons pas cessé de pointer les risques de dérive du processus de deuil après suicide. Nous ne nous sommes jamais leurrés sur le fait qu'il constitue une souffrance majeure dont il est impossible de se relever intact. Cependant, nous n'avons non plus jamais cessé d'affirmer que les choses peuvent aussi bouger dans le bon sens après le suicide d'un être cher. Vous pouvez sans réserve accorder votre confiance à ces milliers de gens qui ont vécu la même chose que vous et qui vous disent aujourd'hui, en connaissance de cause, que vous pouvez aspirer au bonheur et à la paix. Sachez-le : quel que soit le deuil, il y a, en chaque être humain, un inaliénable potentiel de résilience. La résilience, c'est la capacité de faire quelque chose de positif d'une épreuve de vie destructrice, c'est l'aptitude innée de chaque être à se relever et à redresser la tête, quand des circonstances défavorables l'ont jeté à terre. C'est en vous, c'est votre droit de naissance.

Il faut accepter que cette mort va nous transformer à tout jamais, mais sans jamais oublier qu'on a toujours le choix de devenir qui on veut être. Soit on prend la décision de devenir quelqu'un de meilleur, en faisant du mieux qu'on peut pour continuer à avancer, soit on s'enferme dans son malheur et ça ne mène nulle part.

> Je crois que la peine, on l'a toujours, jusqu'à la fin de nos jours, mais on peut vivre avec elle, sans se détruire. Je vis pleinement ma vie mais je pense toujours intensément à mon frère disparu. J'y pense presque autant qu'à mon mari ! Et paradoxalement, c'est ça qui m'aide à avancer.

> J'ai encore plus envie de vivre qu'avant. Quand je vis des moments heureux, je pense à ma sœur ; je me dis que je prends aussi du bon temps pour elle. Je l'associe toujours à mes instants de bonheur. Je vis les choses avec elle. Oui, je dois reconnaître que son décès m'a changé en bien... même si je m'en serais bien passé...

Plus rien ne sera comme avant. Il va vous falloir assumer cet état de fait, pour le meilleur et pour le pire ; mais c'est là que se trouvent les germes de votre vie à venir. Il vous faut maintenant faire de la place à ce qui peut potentiellement fleurir en vous. Si vous craignez de ne pas y arriver seul, il est légitime de vous faire aider, afin de vous permettre de « booster » votre confiance en vous. Maintenant vient le temps où vous devez apprendre à oser : oser vous ouvrir à ce que ce deuil vous a appris sur vous-même et sur autrui ; oser sortir des limitations de votre vie d'autrefois ; oser vous donner la chance d'aspirer à nouveau au bonheur ; oser changer ; oser prendre le risque d'être tout ce que vous pouvez être... Soyez attentif à ce qui se passe en vous, à tous ces changements intérieurs qui, imperceptiblement, vont façonner votre avenir. De belles surprises peuvent se révéler à vous. Je ne compte plus, par exemple, le nombre de fois où des personnes interrogées pour cet ouvrage m'ont fait part de modifications fondamentales de leurs valeurs et de leurs priorités dans l'existence : certains aspects matériels de la vie, comme la réussite financière, sociale ou professionnelle, ont, pour beaucoup, perdu du terrain, alors que tout ce qui touche à la qualité des relations humaines, au développement intérieur et à la spiritualité a pris une place privilégiée. Il y a aussi des amis qu'ils ont cessé de considérer comme tels, alors que d'autres personnes, nouvellement rencontrées, sont devenues d'indispensables piliers pour leur reconstruction intérieure.

Il y a des décisions que vous ne prendrez plus, des choix qui ne se poseront plus, des options qui perdront leur pertinence, des angoisses ou des soucis que vous regarderez avec distance et amusement... Regardez, écoutez, soyez vigilant au fil des années et mettez toute votre énergie à accompagner ces mutations de votre être. Qu'on appelle sagesse ou maturité ces changements de perspective, ils marquent un tournant décisif dans votre façon d'exister dans le monde. Il a tout à y gagner ; vous avez tout à y gagner...

Quelqu'un que vous aimez a un jour décidé de quitter cette vie...

À votre corps défendant, son geste vous a projeté sur un chemin de souffrance qui a dépassé tout ce que vous aviez pu connaître auparavant. Vous avez lutté pour comprendre ce qui l'a attiré vers sa destruction et, même encore aujourd'hui, vous restez avec tant de questions sans réponse ! Vous avez pourtant accepté de ne pas avoir de réponse définitive, alors que cette idée était intolérable autrefois ; vous avez accepté que vous ayez pu vivre auprès de quelqu'un que vous aimiez et que pourtant vous ne compreniez que partiellement. Une part de son mystère reste et restera pour toujours inaccessible et vous avez fait la paix avec cette réalité... Las, vous avez trouvé la force de ramasser, l'un après l'autre, les morceaux épars de votre vie éclatée et, au plus profond de votre être, quelque chose de plus fort que la mort a pris la décision de continuer.

Après toutes ces années, j'ai compris que c'était lui qui avait choisi de mourir. C'est difficile mais il faut que je respecte ça, sans juger. J'ai aussi compris que si lui avait fait le choix de mourir, moi, je ne l'avais pas fait et que donc il était légitime pour moi de continuer à vivre. Sa décision ne peut plus déterminer le cours de mon existence. Je n'ai pas choisi de vivre ce drame, mais je peux décider d'en faire quelque chose qui ait du sens pour moi.

Le suicide ne résume pas la vie de la personne que vous avez perdue ; ce qu'elle était fondamentalement va bien au-delà, n'est-ce pas ? Alors, s'il vous plaît, ne laissez pas votre deuil résumer le reste de votre existence : vous êtes bien plus que cela, vous aussi. Le suicide vous a déjà dérobé la vie de cette personne ; ne le laissez pas, de surcroît, vous dérober la vôtre ! Ne le laissez pas gagner à nouveau ! Si vous laissez gagner le suicide en vous abandonnant vous-même, vous lui donnez raison et vous validez la mort de cette personne... Alors, soyez pleinement ce que vous devez être maintenant, avec vos blessures et vos cicatrices, mais aussi avec toutes les forces vives de votre être. Vous n'avez pas souhaité cette mort, mais la façon d'y réagir est votre prérogative. Alors, ainsi, vous ferez de votre vie retrouvée un témoignage de résilience et un hommage à votre enfant, à votre conjoint, à votre parent, à votre ami(e), par-delà la souffrance qui l'a conduit à quitter cette vie. Vous honorerez sa mémoire par ce que vous faites aujourd'hui de votre propre vie.

> Laissez-moi vous raconter ce qui s'est passé samedi dernier... Je déjeunais dans un petit café près de chez moi avec deux amies que je considère comme des sœurs. Nous avons toutes les trois en commun d'avoir perdu un proche par le suicide : l'une son mari, l'autre son frère et moi mon fils. Nous nous sommes rencontrées dans un groupe de parole il y a cinq ans. Depuis, on s'est fixé ce petit rituel d'un déjeuner mensuel où on se retrouve juste pour se faire du bien. On mange, on boit, on rit, on se parle de tout et de rien ; on évoque aussi, avec douceur et émotion, ces personnes que nous avons perdues. C'est naturel, c'est facile, c'est léger, il n'y a jamais la crainte d'être jugé ou rappelé à l'ordre. Samedi dernier, je nous regardais encore autour de cette table et je mesurais dans mon for intérieur tout le chemin que nous avons parcouru... J'étais émue et pleine de gratitude à nous voir là, fragiles mais fortes en même temps, écrasées autrefois et aujourd'hui debout. Dieu sait si ça a été difficile d'en arriver là ; chacune d'entre nous s'est perdue et a cru sombrer tant de fois. Et pourtant, nous sommes là aujourd'hui... Vous savez, ces femmes sont si belles à mes yeux ! Je suis si fière de ce que nous avons pu faire de nous-mêmes. Il faut dire aux gens qu'on peut sortir de ce cauchemar !

ANNEXES

Prise en charge et traitements du syndrome de stress post-traumatique (*post-traumatic stress disorder*, PTSD)

Il existe actuellement trois axes thérapeutiques pour le traitement du PTSD : les thérapies cognitives et comportementales ; l'approche médicamenteuse (antidépresseurs inhibiteurs de la recapture de la sérotonine, principalement) ; l'EMDR.

La thérapie EMDR a été créée à la fin des années 1980 dans la baie de San Francisco. En moins de dix ans, elle est devenue un des modes privilégiés de traitement psychothérapeutique du PTSD. Ses initiales viennent de son appellation anglo-saxonne, Eye-Movement Desensitization and Reprocessing, ou désensibilisation et retraitement par les mouvements oculaires, même si la méthode ne se limite plus désormais à l'utilisation des mouvements oculaires.

Plusieurs études contrôlées ont démontré l'efficacité de la thérapie EMDR pour la résolution des états de stress post-traumatiques, autant chez les victimes de traumatismes civils (viols, accidents, deuils) que chez les vétérans de guerre. De fait, à ce jour, la thérapie EMDR est une des méthodes de traitement du PTSD les mieux documentées par la littérature scientifique.

Une expérience traumatique grave provoque l'interruption du fonctionnement normal du système neurologique et psychologique de traitement de l'information. Celui-ci est nécessaire à la résolution et à l'assimilation de l'événement traumatique. Or le traumatisé, après un choc grave, ne peut pas toujours incorporer l'événement, comme cela se fait habituellement. Considérant que la personne dispose de moyens naturels de traitement des traumatismes psychiques, le traitement EMDR s'appuie sur une stimulation bilatérale alternée (cerveau droit/cerveau gauche), visant à relancer les processus naturels de cicatrisation psychique. La thérapie EMDR stimule les mécanismes neurologiques accélérant le « re-traitement » du vécu traumatique et son assimilation. Après un tel traitement, la personne souffrant de PTSD pourra se souvenir de l'événement passé, mais sans ressentir le poids des émotions négatives qui y sont associées.

Pour plus d'informations sur cette approche thérapeutique : http://www.emdr-france.org.

Les associations accompagnant le deuil

Le Centre national de ressources Soin palliatif, en partenariat avec la fédération Vivre son deuil, a élaboré pour la France un répertoire national des structures d'accompagnement du deuil : www.soin-palliatif.org/ecoute-info/accompagnement-du-deuil/repertoire-national.

Si vous ne trouvez pas de dispositifs qui correspondent à vos critères ou si vous souhaitez échanger sur votre situation, vous pouvez appeler le 01 53 72 33 20 ou écrire par mail. Une chargée d'accueil vous répondra et vous aidera dans votre recherche.

Traverser le deuil – traverserledeuil.com.

Fédération européenne Vivre son deuil (France, Belgique, Suisse) : soutien des personnes en deuil, formation des intervenants – 17, rue Feutrier – 75018 Paris – www.vivresondeuil.asso.fr.

Union nationale pour la prévention du suicide (UNPS) – www.infosuicide.org

Phare enfants-parents : accueil et écoute des proches en deuil après le suicide, prévention du suicide des jeunes – 5, rue Guillaumot – 75012 Paris – 01 42 66 55 55 – n° Azur : 0 810 810 987 – vivre@phare.org – www.phare.org

Association nationale Jonathan Pierres vivantes : pour les parents en deuil d'un enfant (notamment par suicide) – 61, rue de la Verrerie – 75004 Paris – 01 42 96 36 51 – jonathanpierresvivantes@wanadoo.fr – www.anjpv.asso.fr

Association SOS Suicide Phénix : accueil et écoute de toute personne confrontée au suicide, soutien des proches suite au suicide – écoute téléphonique 7 jours/7 au 825 120 364 de 16 h à 23 h, et 01 40 44 46 45 de 12 h à 24 h – www.sos-suicide-phenix.org.

Suicide écoute : prévention du suicide par l'écoute et le soutien – www.suicide.ecoute.fr.

Apprivoiser l'absence (Île-de-France) : groupes d'entraide de parents en deuil – 21, rue des Malmaisons – 75013 Paris – 07 86 38 10 65 – contact@apprivoiser-labsence.com – www.apprivoiserlabsence.com
Apprivoiser l'absence Nantes – Guylaine Cado – 1, rue Affre – 44000 Nantes – 02 40 20 19 14 – cado.gerard@free.fr
Apprivoiser l'absence Vannes – Claire Disdero – 43, rue Richemont – 56000 Vannes – 02 97 40 67 32 – disdero.claire@voila.fr

Fédération des associations des conjoints survivants (FAVEC) : regroupement d'associations départementales de veuves et veufs – 28, place Saint-Georges – 75009 Paris – 0 800 005 025 7 jours/7 de 11 h à 23 h (à contacter pour les antennes de province) – www.favec.asso.fr.

Espérance et vie : mouvement chrétien d'accompagnement des premiers temps du veuvage – 20, rue des Tanneries – 75013 Paris – 01 45 35 78 27 – www.esperanceetvie.com.

JALMALV : accompagnement de la fin de vie et soutien des personnes en deuil – 76, rue des Saints-Pères – 75007 Paris – 01 45 49 63 76 (à contacter pour les antennes de province) – www.jalmalv.org

Alliance : accompagnement de la fin de vie et du deuil – plusieurs antennes en France – 5, rue du Haut-Queyron – 33000 Bordeaux – 05 56 69 85 52 – www.alliance-asso.fr.

Centre national de ressources Soin palliatif-Fondation Croix-Saint-Simon – 01 49 93 64 33 – www.soin-palliatif.org – www.croix-saint-simon.org.

Société française d'accompagnement et de soins palliatifs : associations et structures pour l'accompagnement de fin de vie et le soutien des personnes en deuil – www.sfap.org

Site d'entraide aux personnes en deuil par suicide – www.deuil-suicide.org.

Association Elisabeth Kübler-Ross France : informer, former, soutenir toute personne confrontée à une situation de rupture, de mort ou de deuil – ekr.france.free.fr.

Les associations d'aide et de soutien

Fédération SOS Amitié France : 0 820 066 066 (antenne de Paris) – www.sos-amitie.org.

Fédération La Porte ouverte : accueil et écoute – 21, rue Duperré – 75009 Paris – 01 48 74 02 35 – lieux d'accueil : 0 800 21 21 45 – www.la-porte-ouverte.fr.

Union nationale des amis et familles de malades psychiques (UNAFAM) – 12, villa Compoint – 75017 Paris – 01 53 06 30 43 – infos@unafam.org – www.unafam.org – Écoute famille : 01 42 63 03 03.

Fil Santé Jeunes : écoute téléphonique anonyme et gratuite, destinée aux jeunes, dans les domaines de la santé physique, psychologique et sociale – 3224 – www.filsantejeunes.com.

Centre Atis – 5, rue Pizay – 69001 Lyon – 04 78 28 73 93 – www.rrlyon.com.

Groupement d'études et de prévention du suicide – www.geps.asso.fr.

Les livres

Vivre le deuil (Fondation de France), coll. « Guide France Info », éd. Jacob-Duvernet 2001 : coordonnées des associations s'occupant du deuil en France.

Hanus M., *Le Deuil après suicide*, Maloine, 2004.

Millet P., Hanus M., Debout M., Chavagnat J.-J., « Le deuil après suicide », *Études sur la mort* n° 127, L'Esprit du temps, 2005.

Durkheim É., *Le Suicide*, coll. « Quadrige », PUF, 2004.

Baudelot C., Establet R., *Suicide : l'envers de notre monde*, Seuil, 2006.

Petitclerc J.-M., *Et si on parlait du suicide des jeunes*, Presses de la Renaissance, 2005.

TABLE

Du même auteur
aux éditions Albin Michel :

VIVRE LE DEUIL AU JOUR LE JOUR

ACCOMPAGNER UN PROCHE EN FIN DE VIE
Savoir l'écouter, le comprendre
et communiquer avec les médecins
avec la participation de Stéphane Allix

VIVRE ENSEMBLE LA MALADIE D'UN PROCHE
Aider l'autre et s'aider soi-même

MAINTENANT OU JAMAIS !
La transition du milieu de la vie

ENSEMBLE MAIS SEULS
Apprivoiser le sentiment de solitude dans le couple

LE COUPLE BRISÉ
De la rupture à la reconstruction de soi

EST-CE QUE TU M'AIMES ENCORE ?
Se reconstruire après l'infidélité

COMMEN T'AIMER, TOI ET TES ENFANTS ?
Le défi de la famille recomposée

S'AIMER ENFIN !

PAPIER À BASE DE
FIBRES CERTIFIÉES

Le Livre de Poche s'engage pour
l'environnement en réduisant
l'empreinte carbone de ses livres.
Celle de cet exemplaire est de :
450 g éq. CO_2
Rendez-vous sur
www.livredepoche-durable.fr

Composition réalisée par PCA

Achevé d'imprimer en janvier 2019 , en France sur Presse Offset par
Maury Imprimeur – 45330 Malesherbes
N° d'imprimeur : 232578
Dépôt légal 1re publication : mars 2018
Édition 02 - janvier 2019
BRAIRIE GÉNÉRALE FRANÇAISE – 21, rue du Montparnasse – 75298 Paris Cedex 06

31/9119/5